LE COMMANDANT DE PIMODAN

ORAN
TLEMCEN
SUD-ORANAIS

(1899-1900)

PARIS
HONORÉ CHAMPION, LIBRAIRE
9, QUAI VOLTAIRE, 9

1902

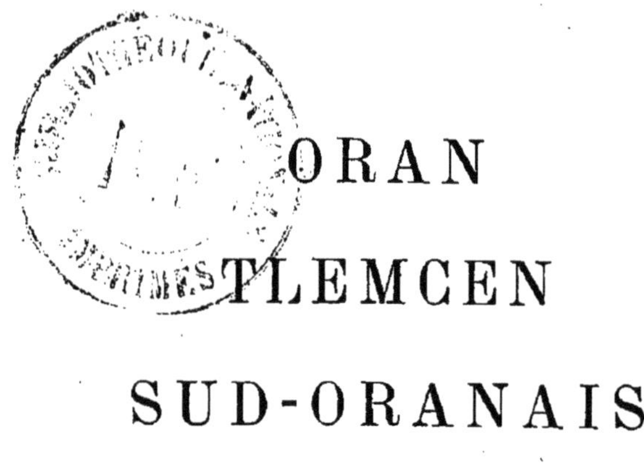

ORAN
TLEMCEN
SUD-ORANAIS

(1899-1900)

A LA LIBRAIRIE HONORÉ CHAMPION

DU MÊME AUTEUR

De Goritz à Sofia . . . . 3 fr. 50

Promenades en Extrême-Orient . . . . 3 fr. 50

LE COMMANDANT DE PIMODAN

ORAN
TLEMCEN
SUD-ORANAIS

(1899-1900)

PARIS
HONORÉ CHAMPION, LIBRAIRE
9, QUAI VOLTAIRE, 9

1902

A

MONSIEUR LE GÉNÉRAL DELANNEAU

sous les ordres duquel j'ai eu l'honneur de servir pendant trois ans au 2e Chasseurs d'Afrique, hommage de respectueux dévoûment.

LE COMMANDANT DE PIMODAN

Maubeuge, Octobre 1902.

ORAN

ORAN

Au temps de la domination romaine en Afrique septentrionale, le pays oranais fit partie de la Mauritanie césarienne. Mais les origines mêmes d'Oran sont obscures et, malgré de nombreuses recherches, aucun indice certain, aucun vestige évident n'est venu jusqu'ici les éclairer. On assure que les Latins désignaient la baie d'Oran et celle très voisine de Mers-el-Kebir par le nom de *Portus divini* — les Ports divins[1] — sans pouvoir dire si cette appellation pompeuse glorifiait leurs mouillages favorables sur une côte peu hospitalière ou bien rappelait quelque pieuse croyance, quelque

1. Commandant L. Demaeght, *Géographie comparée de la Mauritanie césarienne correspondant à la province d'Oran*, travail inséré dans : *Oran et l'Algérie en* 1887.

patronage olympien. Suivant une tradition, la cité latine qui s'élevait dans le voisinage des Ports divins, fut ruinée par les Vandales, puis détruite par les Arabes.

Quoi qu'il en soit, la ville actuelle remonte aux premières années du dixième siècle, et les historiens attribuent sa fondation à des musulmans espagnols venus en expédition sur les côtes d'Afrique[1].

Après avoir été le théâtre et parfois l'enjeu de luttes nombreuses entre les dynasties mahométanes qui combattaient pour la suprématie par les armes et les anathèmes, Oran acquit, vers le milieu du quinzième siècle, une demi-indépendance sous la suzeraineté des rois de Tlemcen. Alors, la cité était riche, populeuse, bien défendue. Des navires fréquents venaient échanger dans son port les objets manufacturés et les étoffes d'Espagne, d'Italie, de France contre les produits des

1. Ernest Mercier, *Histoire de l'Afrique septentrionale*; H. L. Fey : *Histoire d'Oran*; R. Basset : *Fastes chronologiques de la ville d'Oran, pendant la période arabe*, etc., etc. Je dois ajouter que l'histoire d'Oran avant le seizième siècle, est sommaire et confuse.

pays africains. Elle entretenait des relations suivies avec Almeria, Barcelone, Marseille et les grandes villes libres commerçantes de la côte d'Europe, telles que Venise, Gênes et Raguse. On la renommait sur les rives de la Méditerranée, qui formait encore le centre du monde comme au temps des Romains.

Mais, s'il faut en croire les vieilles légendes, la richesse mauvaise conseillère détruisit bientôt parmi les Oranais l'honnêteté ancienne, le respect des lois de Mahomet. Les mosquées devenaient vides de croyants et pauvres d'offrandes. Même, les hommes pieux et clairvoyants de l'avenir étaient tenus à dérision lorsqu'ils prédisaient la conquête étrangère comme juste châtiment de la cité impie. Pourtant l'heure expiatoire approchait. En 1501, le roi don Manuel de Portugal envoya une expédition sur la côte d'Afrique pour châtier les Oranais qui, « voguant par la mer avec fustes et brigantins armés, molestaient grandement les étrangers[1] ». L'entreprise échoua et ne fut pas renouvelée par les brillants naviga-

1. Léon l'Africain, *De l'Afrique* (traduction de Jean Temporal).

teurs lusitaniens occupés d'autres expéditions plus glorieuses et plus lointaines. L'honneur de prendre Oran allait échoir à l'Espagne, déjà victorieuse des Maures et toujours vigilante à l'avancée occidentale du monde chrétien.

Aussitôt après la conquête de Grenade, Isabelle la Catholique avait rêvé de poursuivre au delà des mers la lutte contre les infidèles. Sa mort, survenue en 1504, vint traverser ce grand dessein, dont elle confia la suite au roi Ferdinand. Dès 1505, les soldats d'Espagne s'emparent de Mers-el-Kebir et s'y fortifient. Qu'on leur donne des renforts et ils enlèveront Oran! Vaine espérance : Ferdinand est las, le trésor est vide. Malgré les supplications de ses sujets, il hésite, s'attarde, oublie. L'entreprise, différée plusieurs fois, semblait abandonnée, lorsque le tout puissant cardinal Ximénès, archevêque de Tolède, primat d'Espagne, premier ministre, offre de prêcher la nouvelle croisade et d'avancer au roi les frais de l'expédition. Mille difficultés surgissent autour de lui : sa ténacité en triomphe, et, le 16 mai 1509, il peut enfin quitter Carthagène avec une flotte invincible, portant : « dix mille fantassins, quatre mille chevaux, huit cents volontaires qui avaient voulu le suivre avec des milices que quelques-uns de ses amis particuliers lui avaient amenées[1] ».

Le lendemain, au jour finissant, Ximénès arrive à Mers-el-Kebir. Le débarquement s'opère pendant la nuit et, sans plus attendre, les troupes marchent vers Oran qu'elles enlèvent par une attaque brusquée, aidée peut-être de quelque trahison. La ville était prise avant même que le roi de Tlemcen, son suzerain, eût connu les périls qu'elle courait. Seul, le réduit tenait encore, mais le commandant, jugeant toute résistance vaine, offrit de capituler, en sollicitant seulement l'honneur de se rendre au cardinal en personne. Ximénès y consentit et, pour gagner la citadelle, traversa la ville dans un luxueux appareil dont les pompes religieuses mêlées aux pompes guerrières rehaussaient l'éclat. En avançant parmi les décombres, avec des lenteurs de procession et d'apothéose, il récitait les paroles du Psalmiste : « Non nobis, non nobis, Domine, sed nomini tuo da gloriam ». A la vue des cadavres encore sans sépulture, sa voix devint moins ferme,

1. Fléchier, *Histoire du Cardinal Ximénès*.

puis il baissa la tête, près de pleurer. Surpris de son émoi, les officiers lui représentèrent que tous ces morts étaient des infidèles : « Je pleure, répondit Ximénès, sur leurs âmes que j'aurais voulu amener à la connaissance du vrai Dieu ».

Plusieurs conseillaient au cardinal de poursuivre en Afrique le cours de ses succès, lui montrant tout le mérite devant Dieu, toute la gloire devant les hommes qu'il acquérerait ainsi. Le roi même paraissait l'encourager à de nouvelles entreprises. L'influence toujours plus haute de Ximénès offusquait la majesté souveraine, et Ferdinand, sans volonté ferme, sans courage de renvoyer son ministre, aurait éprouvé quelque soulagement à le voir s'éloigner. Mais, soit par attrait de conserver le pouvoir ou par conscience des services qu'il pouvait encore rendre à l'Espagne, soit peut-être seulement par dégoût des compétitions qui sapaient son autorité parmi ses propres troupes, le cardinal quitta le commandement de l'armée et regagna Carthagène. Sa glorieuse absence n'avait duré qu'une semaine.

Après le départ de Ximénès, les Espagnols réparèrent et accrurent les défenses d'Oran; puis, sans chercher tout d'abord des conquêtes nouvelles, se mirent en relation avec les chefs arabes de la contrée qui échappaient peu à peu au pouvoir faiblissant des rois de Tlemcen.

L'Espagne possédait alors sur la côte d'Afrique Oran, Mers-el-Kebir et Bougie. Son autorité se faisait plus ou moins sentir à Alger, Dellis, Tenès, Tlemcen, et semblait destinée à s'étendre peu à peu sur tous les territoires qui forment actuellement le Tell algérien, lorsque de nouveaux adversaires des chrétiens apparurent tout à coup. En 1515, deux pirates, Barberousse et son frère Conradin [1], fils d'un potier, nés sujets turcs, à Metelin, dans l'île de Lesbos, s'emparent d'Alger. Deux ans après, ils conquièrent Tlemcen. Le roi Abou-Hammou III, chassé de sa capitale, demande l'aide des Espagnols qui marchent à son secours. Barberousse vaincu est cerné dans la citadelle de Tlemcen — le Mechouar — ; mais il se dérobe par un passage secret et fuit vers le Maroc. Quelques fidèles l'accompagnent, emportant ses trésors, réserve de sa puissance et espoir d'entreprises nouvelles. Cependant

1. Ils s'appelaient en réalité : Baba-Aroudj et Kheir-ed-Din.

la cavalerie d'Espagne se lance sur ses traces et le gagne de vitesse. Vainement, il répand des pièces d'or, jonche la route d'objets précieux, pensant ralentir ses adversaires par l'appât de telles trouvailles. Enfin, à bout de forces, il se jette dans un parc à moutons, combat face à l'ennemi et succombe bravement avec la plupart de ses compagnons. Sa tête fut portée à Oran comme un trophée. On envoya ses vêtements de velours rouge brodés d'or au monastère de Saint-Jérôme, à Cordoue, et les moines en firent une chape qu'ils nommaient la Barberousse.

Si brillant qu'il fût, ce succès demeura stérile. Conradin, héritier de Barberousse, sentant son pouvoir menacé, fit appel au Sultan de Constantinople Selim I, le reconnut comme suzerain et en obtint des secours nombreux pour combattre les chrétiens.

Pendant plus d'un siècle et demi, l'histoire d'Oran est remplie par des luttes héroïques et vaines entre l'Espagne et le pachalik d'Alger. Egaux en bravoure, en foi, en espoir du paradis immédiat pour les braves tombant dans le combat, chrétiens et musulmans se faisaient tuer avec un semblable courage pour des idéals différents. Malgré quelques glorieux succès et l'alliance de plusieurs tribus arabes[1], les Espagnols ne parvinrent jamais à prendre réellement pied dans l'intérieur du pays, et le seul résultat de ces luttes incessantes fut de ruiner les contrées qui en étaient le théâtre. Néanmoins, Oran restait riche et fréquenté. En outre, la ville était devenue un lieu d'exil habituel pour les grands personnages en disgrâce. Leur présence lui donnait même un tel renom de politesse élégante qu'on l'avait surnommée la petite cour.

En 1708, pendant la guerre de la Succession d'Espagne, le bey de Mascara, habile à profiter des circonstances, vint assiéger Oran. La place, ne recevant aucun secours de la métropole, dut capituler. Le bey y transporta sa capitale, et des pirates nombreux en firent, comme jadis, leur port d'attache.

Plus tard, lorsque le traité d'Utrecht eut affermi la royauté de Philippe V, les conseillers ambi-

1. Parmi les tatouages familiers aux Arabes certains distinguent encore, paraît-il, les membres des tribus jadis amies des chrétiens. Ces tatouages étaient de véritables signes de reconnaissance imposés par l'Espagne à ses auxiliaires indigènes.

tieux et remuants du roi voulurent, avec des bonheurs divers, rendre à la monarchie espagnole tout son ancien éclat. En 1732, vers la mi-juin, vingt-huit mille hommes partirent d'Alicante, sous les ordres du comte de Montemar, pour reprendre Oran. Après un long retard causé par les vents contraires, ils abordèrent enfin près du cap Falcon, et vainquirent une armée marocaine commandée par le fameux baron de Riperda. Cet aventurier de haut vol, quoique de faible envergure, venait de connaître les plus diverses fortunes. Successivement officier en Hollande sa patrie, ambassadeur à Madrid, favori de Philippe V, duc, premier ministre, enfin prisonnier à Ségovie. il avait fui pour mettre au service du Maroc son courage, son esprit d'intrigue et son ressentiment contre l'Espagne

Montemar, après avoir battu Riperda, prit Oran, sans coup férir. La population s'était dispersée, et le bey avait cherché un refuge à Mostaganem.

Les Espagnols réparèrent et accrurent les défenses de la place. Sous leur domination, Oran, ne faillant point à ses glorieux souvenirs, repoussa plusieurs attaques des beys de Mascara ou des sultans marocains; mais tout commerce s'en éloigna et la ville était déjà fort déchue lorsque, dans la nuit du 8 ou 9 octobre 1790, un tremblement de terre vint la réduire au plus triste état. — Enfermés dans des maisons sans jardins, presque sans cours, ouvrant pour la plupart sur des ruelles obstruées par les décombres, les habitants, réveillés en sursaut, ne savent d'abord où fuir, comment se sauver. Autour d'eux, les lampes et les foyers renversés allument mille incendies. Des oscillations légères, semblables aux échos de la première secousse, font crouler les murailles que celle-ci avait ébranlées. Dans l'immense désarroi, demeurer ou partir semble également périlleux. Bientôt pourtant la place d'armes, située au centre de la ville, devient le lieu d'asile général. La foule entoure les prêtres qui la bénissent et l'absolvent. Revenus de leur premier effroi, beaucoup d'habitants cherchent en vain à gagner la campagne : les clefs des portes sont perdues et les vantaux énormes résistent à tous les efforts. Enfin, le jour paraît. Le général comte de Cumbre-Hermosa, remplaçant le gouverneur écrasé sous les ruines de son palais, met quelque ordre dans la cité et envoie un navire demander aide en Espagne.

La consternation est sans bornes. Tout manque : abris, vivres, médicaments. En outre, des Arabes se montrent aux alentours, examinent, rôdent, rapinent, brigandent et commencent de harceler les Oranais.

Déjà le bey de Mascara est en marche pour assiéger la ville. Il arrive en même temps que les renforts envoyés d'Espagne. Ses attaques, d'abord ralenties par l'hiver, deviennent, au printemps, de plus en plus ardentes. La place se défend toujours bien. On remarque, parmi les meilleures troupes, le régiment des gardes wallonnes, commandé par l'héroïque chevalier de Torcy[1]. Mais toute vaillance est inutile. L'Espagne vient d'entrer dans la coalition contre la France (1791); ses forces affaiblies, ses finances épuisées, son gouvernement en décadence ne lui permettent plus de soutenir plusieurs guerres à la fois. Elle renonce à défendre Oran et, par un traité conclu le

1. Le chevalier de Torcy, né en 1770, au château de Torcy, en Flandre, vécut jusqu'en 1852. M. Fey, dans son *Histoire d'Oran*, publiée en 1858, mais préparée depuis longtemps, raconte qu'il doit au chevalier de Torcy quelques détails sur Oran.

12 septembre 1791, cède la ville, ainsi que Mers-el-Kebir, au dey d'Alger, sous la seule réserve de quelques avantages commerciaux. Au commencement de l'année suivante, le fils du bey de Mascara vint recevoir les clefs d'Oran. En traversant la cité, il s'arrêta près des fontaines publiques, remplit de leurs eaux plusieurs outres et les envoya au dey d'Alger comme un étrange et poétique symbole de possession.

Enfin, en mars 1792, le bey de Mascara lui-même, Mohammed-el-Kebir, entra en pompe dans Oran. C'était un homme juste et exorable selon les lois de Mahomet. Son administration fut honnête, trop honnête même pour le temps et le pays. Mal lui en prit, car, en 1799, le dey d'Alger, jaloux de sa popularité et de sa puissance, le fit empoisonner.

Après la mort de Mohammed commence, sous les beys ses successeurs, le plus étrange gouvernement. Un bey mure les portes d'Oran pour se garantir contre les incursions des tribus arabes. Un autre parle de mille têtes coupées comme d'une vétille et exécute lui-même ses arrêts. Un autre enfin, supplicié par ordre du dey d'Alger, agonise pendant trente-six heures, pantelant à un croc de fer comme un mouton sur l'étal d'un boucher. J'en passe et des plus mauvais. Le dernier bey, Hassan, nommé en 1817, était adroit, pratique, avisé, cruel seulement dans la mesure de ses intérêts. D'abord cuisinier du bey Osman-le-Borgne, puis marchand de tabac, il eut la bonne chance de plaire au bey Bou-Kabous, qui le prit comme secrétaire et lui donna une de ses filles en mariage. Plus tard, il succéda au bey Ali-Kara-Bargli.

Du gouvernement d'Hassan avant 1830, je citerai seulement une aventure macabre et typique. Moustafa-Tcheurmi, gendre d'Hassan, avait écrit au dey d'Alger pour dénoncer son beau-père et en demander la succession. Il offrait, comme prix de son investiture, quatre mille doublons et la tête de celui qu'il accusait. Le dey, indigné mais pratique, prévint Hassan, et lui dit qu'il pouvait traiter Tcheurmi comme bon lui semblerait, moyennant un même nombre de doublons. Ce fut affaire conclue. Le dey reçut les pièces d'or, et la tête du gendre fit l'appoint du marché, à la place de celle du beau-père.

En 1830, lors de notre expédition d'Alger, Hassan se montra peu enclin à secourir le dey, son souverain; néanmoins, il se trouva bientôt en fort mauvaise posture. Les tribus arabes, toujours prêtes à la révolte, attaquèrent Oran. Il voulut fuir à Mascara, en emportant la caisse. Les Oranais l'arrêtèrent et l'accusèrent de trahison. Pris entre deux ennemis qu'il connaissait, il se livra au troisième qu'il ne connaissait pas et sollicita la protection des Français. Le fils du maréchal de Bourmont vint recevoir la soumission d'Hassan; mais bientôt le bey, maudit des Oranais et mal récompensé par les Français qu'il avait lui-même appelés, dut quitter l'Algérie.

Incertain des projets de son gouvernement et redoutant une guerre européenne, le général Clauzel, gouverneur de l'Algérie, remit alors l'administration du Pays oranais au bey de Tunis, moyennant une redevance annuelle d'un million. Le 4 février 1831, l'envoyé tunisien, Hereddin-Agha, vint avec quelques troupes occuper Oran, où restait cependant encore un régiment français. Les choses marchèrent mal. Les Arabes refusaient de reconnaître l'autorité des Tunisiens. La ville, désertée et sans communication avec l'intérieur, manquait de tout. Hereddin, pour se procurer des vivres, fit des razzias qui achevèrent d'exaspérer les tribus voisines. Bref, la situation paraissait inextricable, lorsque l'annonce du rejet par la France des arrangements conclus entre le général Clauzel et la régence de Tunis vint tout naturellement la dénouer. Les Tunisiens partirent sans regrets, et le général marquis de Faudoas, gouverneur par intérim, fit, le 17 avril 1831, une entrée solennelle dans Oran.

*
* *

Aujourd'hui Oran est une belle ville moderne, peuplée de 85.000 habitants[1] et toujours grandissante, prête à dépasser Alger par le chiffre de sa population et l'importance de ses transactions commerciales. Elle s'enorgueillit de larges boulevards, de places spacieuses, de riches boutiques et de luxueux cafés, mais ne renferme aucun monu-

1. Environ 24.000 Français, 8.000 Israélites, 2.000 Arabes, Le reste de la population est composé d'étrangers, espagnols pour l'immense majorité.

ment d'une réelle valeur. C'est à peine si le voyageur y trouve de rares vestiges permettant d'évoquer le temps révolu. Les maîtres successifs d'Oran semblent avoir, en passant, effacé ou obscurci la trace de ceux qui passèrent avant eux. Çà et là, quelques fortifications hautaines, quelques pierres sculptées d'attributs héraldiques rendus frustes par le temps, quelques inscriptions lapidaires d'une fierté castillane rappellent la domination espagnole. Mais j'ai vainement regardé les vieilles maisons oranaises sans découvrir un rinceau caractéristique, sans voir une ferronnerie élégante et légère dans sa solidité, telle qu'on en rencontre dans les provinces françaises qui appartinrent à l'Espagne : en Artois, en Flandre, en Franche-Comté. Seule, l'entrée de l'ancienne citadelle, appelée encore la Porte d'Espagne, offre beaucoup de caractère, sinon beaucoup d'intérêt. — Près des remparts, entre deux grands murs, au bout d'un passage étroit et infléchi, coupé par diverses défenses, apparaît une voûte basse, dérobée, presque furtive, au-dessous d'un large panneau qu'encadrent des moellons taillés en pointes de diamant, et des colonnes cannelées dont les pierres jaunâtres semblent vermiculées par le temps. Un lourd écusson, surmonté d'une couronne et appuyé sur la poitrine de l'aigle impériale éployée, remplit la partie supérieure du panneau. Des lions le supportent, et les insignes de la Toison d'Or l'entourent. Malgré l'usure, on distingue encore parmi ses pièces nombreuses les armes des royaumes de Castille, d'Aragon, de Léon, de Portugal, de Grenade, de Naples et dé Jérusalem, puis celles de l'archiduché d'Autriche, du duché et du cercle de Bourgogne, du duché de Brabant, du comté-princier de Habsbourg et Tyrol[1]. C'est le blason de la monarchie hautaine de Charles-Quint. Au-dessous, dans le bas du panneau, se trouve un autre écusson plus petit et complètement effrité.

Le tremblement de terre de 1790 a causé bien des ruines; il semble néanmoins que les Espagnols, grands bâtisseurs d'églises et de palais dans leurs somptueuses colonies du Nouveau-Monde, ne construisirent jamais rien de considérable sur l'ingrate terre d'Afrique, sauf des fortifications.

Les restes des maîtres musulmans se bornent à

1. Je dois ces renseignements à la docte obligeance de M. le vicomte de Poli et M. le baron Tristan Lambert.

quelques mosquées, des bains, la jolie petite maison où le dernier bey, Hassan, habitait, alors qu'il était simple marchand de tabac, enfin des masures si pauvres qu'elles semblent être de tous les pays et de tous les temps.

La principale mosquée est précédée d'une cour moderne, élégamment ornée dans un style oriental très conventionnel. Le sanctuaire, ancien et de belle proportion, ne manquerait pas de caractère s'il n'était enlaidi par des « coupes » disparates de linoléum ou de moquette vulgaire, qui remplacent sur le sol les brillants tapis d'autrefois.

Enfin, des mosaïques et quelques sculptures réunies au musée, rappellent la domination romaine en Afrique occidentale.

Oran a la disgrâce d'une vilaine façade sur la mer. Les côtes qui l'avoisinent sont arides, tristes, et jaunes, sans plages, sans rochers, sans rien de ce qui pourrait donner à leur aspect un doux charme ou une sauvage beauté. On dirait que la vague indifférente n'a pour ces rivages ni caresses ni assauts. Au fond du golfe, sur une falaise médiocrement haute, se dressent les anciens remparts du

Château-Neuf, longés à leur base par une allée d'arbres verts poussiéreux : ils forment le centre du tableau. A droite, la vieille ville, étagée sur les versants raides d'une vallée étroite, descend jusqu'à la mer. A gauche, la ville neuve, beaucoup plus grande, s'étend sur une sorte de plateau. Le paysage, mal éclairé d'ordinaire par une lumière crue dont la réverbération aquatique accentue la dureté, apparaît sans ombres, sans nuances et, néanmoins, sans éblouissantes clartés. Seuls, le fort et la chapelle de Santa-Cruz, bâtis, à l'ouest de la ville, sur une haute colline nommée le Mourdjadjo, appellent de loin le regard et fixent un moment l'attention.

Mais, si Oran n'offre ni sites ni monuments remarquables, la ville mérite pourtant d'arrêter le voyageur. Elle intéresse, amuse par l'animation du port et des quartiers neufs[1]. Tour à tour, on voit, au milieu d'Européens quelconques, des Arabes en burnous blancs ou bruns cent fois rapiécetés; des Maures et des Juifs en culottes larges et vestes brodées; des travailleurs marocains, gardant le petit turban ancien, mais ayant adopté le

1. Piesse, *Itinéraire de l'Algérie.*

pantalon; des paysans espagnols, la tête enveloppée d'un mouchoir sous un grand chapeau qui laisse échapper quelques mèches plates, très noires, virgulant le front et les tempes; des femmes indigènes soigneusement voilées, et de pimpantes manolas; puis des zouaves coquets, regardant et regardés; de petits chasseurs d'Afrique, bien cambrés dans leurs larges ceintures rouges; parfois des soldats indigènes : tirailleurs en vêtements bleus soutachés de jaune, spahis aux manteaux rouges éclatants.

Quand vient le soir, tout Oran se promène, se cherche, se rencontre sur le boulevard Séguin, passe et repasse devant la parfumerie de Lorenzy-Palanca, s'arrête au café de l'Hôtel Continental. Le mouvement est intense, bruyant, d'une jolie gaieté méridionale et flâneuse; on se croirait à Marseille, sur la Cannebière; et, pour compléter la ressemblance, le boulevard Séguin, de même que la Cannebière, avoisine quelques parages affreux. Très près de la belle voie nouvelle, à la lisière du vieil Oran, se trouve le quartier juif, formé de trois rues parallèles, entre lesquelles circulent des ruelles et des passages. D'ordinaire, c'est un encombrement inouï dans la rue principale, qui sert de marché. Des vendeurs loqueteux étalent sur les trottoirs et jusqu'au milieu de la chaussée, des fruits et des légumes aussi divers que peu appétissants, sinon par eux-mêmes du moins par les voisinages qu'ils subissent. Des melons et des pastèques gisent entre deux tas d'ordures et arrêtent les eaux immondes d'un ruisseau qui débordent et humectent des paniers d'oranges et des mannes de figues. Les boutiques situées en arrière empestent, suivant le cas, la chair fraîche déjà flétrie ou la charcuterie douteuse, la friture ou l'anisette d'Espagne, le vieux cuir ou le vieux chiffon. Tout s'y vend, tout s'y achète, tout s'y répare; et, là comme ailleurs, les Juifs gagnent de l'argent à force de patience, de ruse, d'économie.

Le samedi, grand changement, nul ne travaille, même pour allumer du feu et cuire des aliments. Les Juives se parent de robes aux couleurs voyantes en satin, en velours ou en peluche; de corsages brodés; de lourds bijoux. Des écharpes frangées d'or couvrent leur chevelure, comme la véhoule des créoles ou le foulard des Béarnaises. Rien n'est plus étrange que de les voir ainsi, assises devant leurs portes, au seuil de cours en sous-sol ou d'allées obscures, dont, la veille, en haillons, elles lavaient les dalles scabreuses séparées par des interstices terreux et empuantis. Telle femme, loqueteuse hier comme une pauvresse, porte aujourd'hui un collier d'or auquel pendent de nombreux sequins. Pour sortir, les Juives pauvres s'enveloppent de grands châles rouges fort seyants; les riches, d'affreux cachemires français. Quelques-unes sont jolies; d'autres, vraiment belles, ont des types bibliques; malheureusement, toutes marchent comme des canes fatiguées, avec un dandinement perpétuel et le plus vilain traînaillement de savates. Puis, derrière les filles apparaissent les mères, les aïeules parfois, affreuses, édentées, tantôt débordantes d'une graisse flasque et jamais corsetée, tantôt ratatinées et squelettiques. On dirait certains tableaux faits par les peintres naïfs du Moyen-Age pour abaisser notre orgueil, en représentant les divers aspects de notre pauvre humanité depuis la naissance jusqu'au tombeau.

Les Juifs sont, pour la plupart, petits et de mince apparence. Beaucoup s'affublent d'horribles casquettes très plates, très étriquées, dont la coiffe couvre juste le sommet de la tête et dont la visière ne dépasse pas le front.

De l'autre côté de la ville neuve, se trouve le quartier arabe, presque aussi sale que le quartier juif mais beaucoup plus aéré. Naguère, on le traitait de village nègre, par mépris des affreuses huttes qui le composaient; maintenant, ces habitacles disparaissent, remplacés par des maisons blanches surmontées de terrasses. L'arrivant, novice aux choses algériennes, trouvera dans le quartier arabe un peu de couleur locale et, probablement aussi, quelques premières désillusions. Il aura ainsi, dès l'abord, certaines clartés sur les énormes différences qui séparent les indigènes peints dans les livres de ceux de la réalité.

*
* *

Une pittoresque route en corniche, dominant la mer, joint Oran à Mers-el-Kebir. Près de cette route, à quelques mètres du rivage, naît parmi les rochers une source très chaude et bienfaisante. On raconte — histoire ou légende — que Jeanne la Folle, reine de Castille, l'amoureuse épouse du volage Philippe le Beau, et la mère douloureuse de l'ambitieux Charles-Quint, vint promener sa mélancolie sur la terre africaine et demander à ces eaux quelque soulagement. Quoi qu'il en soit, la source s'appelle : Les Bains de la Reine; et, parmi les noms de tous les monarques espagnols, celui de Jeanne la Folle reste seul populaire chez les Oranais. Je voudrais pouvoir faire des Bains de la Reine une description ou poétique ou splendide, digne de la malheureuse souveraine, dont l'alliance avec Philippe le Beau, préludant aux ineffables grandeurs de Charles-Quint, donna, pour un temps, à l'Espagne peu peuplée, peu fertile, mal située à l'extrémité de l'Europe, la plus prodigieuse puissance. Il me faut y renoncer, car ces bains au nom pompeux n'ont rien qui ne soit et n'ait toujours été fort modeste. En arrière du petit établissement actuel, dans une grotte, on voit encore les anfractuosités d'aménagement très primitif où les malades venaient jadis se baigner.

Les Bains de la Reine sont, je crois, l'unique joli

but de promenade dans les environs immédiats d'Oran. Les autres alentours paraissent laids et très poussiéreux, ce qui n'empêche pas les Oranais, fervents amateurs de parties champêtres, d'y aller festoyer en plein air, assis sur la terre nue, à la seule ombre des voitures qui les ont amenés. Le lundi de Pâques, chaque famille oranaise se réjouit de faire un repas à la campagne, une « mouna », suivant l'expression populaire empruntée à l'espagnol. C'est la préoccupation générale. Plus d'un pauvre ménage portera au Mont-de-Piété ses dernières hardes, afin de pouvoir se régaler du poulet au safran et du gâteau spécial, tenant de la brioche et du pain au lait, qui forment la base traditionnelle d'une « mouna » réussie.

TLEMCEN

TLEMCEN

Lorsqu'on va d'Oran à Tlemcen, d'abord un grand ennui saisit le cœur. Toute la contrée paraît laide sans horreur, triste sans mélancolie, monotone sans calme reposant.

L'impression est surtout mauvaise, si l'on fait le voyage aux derniers jours de l'été. Alors, la jolie ville de Sidi-bel-Abbès, les villages nouveaux, entourés d'arbres et de vastes vignobles, mais encore très clairsemés, font l'effet d'oasis, indices du désert prochain.

Après la moisson, les hauts chardons, les graminées sauvages ont envahi les guérets, puis l'implacable soleil a tout jauni, tout brûlé, tout confondu en un immense paillasson. Le voyageur, habitué aux assolements divers qui donnent à nos campagnes françaises l'aspect de multicolores échiquiers, s'étonne de cette apparence nouvelle et, sous leurs herbes sèches, les champs cultivés lui semblent plus lamentables, plus arides encore que les versants pierreux des collines, ou les landes mouchetées par d'épaisses et drues touffes de palmiers nains. Ah! ce palmier nain, chiendent gigantesque, envahissant et tenace, désespoir des agriculteurs, on finit par le prendre en grippe, on se reproche de l'avoir admiré en France, étalant ses feuilles larges sur le gazon des serres, garnissant les vasques et les cache-pots, abritant les *flirting-corners* dans les salons à la mode. On lui en veut, comme à l'intrigant hâbleur dont la faconde vous avait abusé en des régions lointaines et qu'on revoit déprisé, dans son pays. Je n'oublierai jamais avec quel accent de rancœur un colon, regardant des palmiers nains, vingt fois arrachés et vingt fois renaissants de leurs profondes racines, apostrophait ces innocents végétaux : « Et dire, s'écriait-il, et dire qu'à Paris on met ça dans des pots et qu'on le vend quarante sous! » Je dois ajouter cependant, à la décharge du palmier nain, que, s'il est en Algérie la mauvaise herbe par excellence, il ne reste pas absolument improductif : l'industrie transforme ses fibres en crin végétal et son cœur est, dit-on, un manger délicat. D'ailleurs, tandis que les Européens s'efforcent, par un labeur acharné, d'extirper le palmier nain de leurs cultures, les Arabes le laissent pousser librement dans les champs qui leur appartiennent et sèment entre ses touffes. L'arracher serait pour eux une besogne trop dure ; puis, avec leur paresse incurable et toujours prête à découvrir mille excuses, ils assurent que les touffes épaisses de la plante conservent à la terre un peu d'humidité dont profitent les céréales voisines.

Quelques grandes étendues, où le sol se couvre de végétaux ligneux d'une hauteur variable mais généralement très médiocre, s'arrogent le nom de forêts. — Pauvres nous, pauvres *Roumis*[1], qui croyons trouver dans ces forêts de l'ombre, de la fraîcheur, de l'eau, quelle est notre déconvenue ! D'ordinaire, ce ne sont que des broussailles maigres, sèches, épineuses, avec, par places, des arbres verts rachitiques et grisés par la poussière,

1. *Roumi* = Romain : expression servant aux Arabes pour désigner les étrangers chrétiens, et aux Européens d'Algérie pour désigner les nouveaux venus peu au courant des usages du pays.

dont les cimes dépassent à peine la tête d'un cavalier. Il existe cependant en Oranie des arbres splendides : platanes d'une prodigieuse hauteur, térébinthes aux branches noueuses et étalées, dont la frondaison, légère mais épaisse, fournit une ombre toujours fraîche; grands peupliers; trembles au feuillage frémissant. Malheureusement, on ne les voit guère que sur les places des villes, dans les cours, dans les jardins, près de quelques sources fréquentées. Avant notre venue, les Turcs et les Arabes, selon l'usage commun à tous les musulmans, entouraient de soins jaloux les arbres privilégiés dont l'ombre hospitalière favorisait leur repos aux heures de l'oisiveté ou maintenait la fraîcheur dans leurs maisons; mais ils ne songeaient même pas à conserver les forêts. Sans prévoir l'avenir, ils coupaient les arbres au fur et à mesure de leur besoins; puis les troupeaux voraces mangeaient les pousses renaissantes; la terre, sans ombre sous le soleil brûlant, devenait sèche et misérable; les souches, lasses de produire des scions toujours détruits, mouraient les unes après les autres; enfin, une triste lande remplaçait la forêt. D'ailleurs, les coutumes arabes, presque les lois, consacraient ces destructions, en accordant aux pauvres de chaque tribu des droits d'affouage et de pâturage très étendus sur les terres de leurs voisins. Notre administration s'efforce maintenant de protéger les forêts qui existent encore et de reboiser certains territoires, mais la fréquence des incendies, fortuits ou volontaires, rend sa tâche ardue. En outre, beaucoup de jolis arbres, espoir des forestiers, disparaissent coupés par les Arabes qui en font des perches ou des matraques[1].

Cependant, revenons à l'aspect de la campagne entre Oran et Tlemcen. Après la tristesse morne de l'impression première, le nouveau venant distingue peu à peu mille objets divers qui attirent

1. La matraque est une sorte de canne ou de bâton en bois brut, dont le port est coutumier aux Arabes. Maniée par des mains expertes, elle devient un engin redoutable. Les règlements de police prévoient la longueur et le diamètre au-delà desquels une matraque entre dans la catégorie des armes prohibées. — La matraque, habilement lancée, sert également d'arme de jet pour la chasse de certains gibiers, en particulier du lièvre. On raconte qu'un linguiste français, ayant vaguement entendu parler de lièvres chassés avec des matraques, fit une bizarre confusion et écrivit gravement dans un dictionnaire : MATRAQUE, petit lièvre qu'on chasse avec un bâton.

son attention. Ce sont de petits marabouts très blancs situés çà et là dans la campagne, humbles tombeaux de saints vénérés; des tentes en laine grossière, autour desquelles flânent paresseusement des hommes, travaillent des femmes, grouillent des enfants, aboient des chiens hargneux; des massifs de cactus aux raquettes grasses dardant de longues épines ; de grands aloès dont les feuilles raides, épaisses, d'un gris azuré, entourent une hampe haute et droite, terminée par un candélabre de fleurs jaunes; d'énormes touffes de lauriers-roses épanouis. Peu à peu, l'œil s'habitue à chercher, à trouver les moindres détails qui rompent l'uniformité ambiante; le regard s'y attache, s'y repose. Insensiblement, la sensation mauvaise rencontrée tout d'abord, s'atténue, se transforme, s'oublie; on se prend à aimer ce triste pays, à lui découvrir une âpre poésie, un charme mystérieux, une attirance singulière. Après l'avoir quitté, on y songe longtemps; le souvenir en dégage, en accentue toute l'originalité, et la pensée s'envole vers lui avec un regret.

Près de Tlemcen, le terrain s'élève et devient très accidenté; des escarpements de pierres grises et rouges apparaissent çà et là, coupant les versants abrupts des collines. La voie ferrée, repliée sur elle-même, suit à mi-hauteur les flancs d'une échancrure triangulaire, étroite et longue, pratiquée dans les côtes raides qui supportent l'extrémité septentrionale du plateau de Terni. La Safsaf, après avoir coulé lentement sur le plateau, tombe tout à coup au fond de cette échancrure, en formant une série de chutes et de bassins. De grandes herbes saxatiles, des arbustes, des arbres se cramponnent aux interstices des rochers voisins. Le paysage est réellement beau. De loin, les cascades blanches d'écume, les biefs dont l'eau profonde verdit, semblent les ruines d'un escalier gigantesque aux degrés d'albâtre, aux paliers d'aigues-marines, qu'une végétation folle aurait envahies. De près, chaque étage évoque la pensée d'une scène de ballet. Le lac minuscule, les rochers chevelus de mousse, sur lesquels l'eau coule, ici par gros bouillons et là par goutelettes, les cavernes en miniature, les arbres ombreux, les joncs, les iris, les capillaires paraissent disposés à souhait par un habile décorateur. Il semble qu'une jolie danseuse va sortir d'une anfractuosité, puis, en pirouettant sur ses pointes, faisant bouffer ses jupes, arrondissant ses bras, accentuant son sourire, exprimer d'une façon subtile tout l'amour d'une naïade pour un sylvain, en dépit du dieu de la montagne, rébarbatif et jaloux.

Enfin, on aperçoit Tlemcen, dominée au sud par des coteaux abrupts, bordée au nord par les pentes capricieuses qui inclinent vers la grande et riche plaine d'Hennaya. La ville blanche, que surmontent de hauts minarets, émerge d'épaisses verdures, comme si elle formait le centre d'un immense jardin. Elle semble être l'Eden attendu, la terre promise au voyageur lassé par une longue route dans un morne pays. On comprend toutes les louanges, tous les enthousiasmes qu'elle a inspirés. « En me voyant, écrivait Abd-el-Kader, Tlemcen m'a donné sa main à baiser. Je l'aime comme l'enfant aime le cœur de sa mère ! J'enlevai le voile qui couvrait son long visage et je palpitai de bonheur ; ses joues étaient rouges comme un charbon ardent... Je l'ai tenue par le grain de beauté qu'elle avait sur une joue et elle m'a dit : « Donne-moi un baiser » [1].

1. Camille Rousset, *L'Algérie de* 1830 *à* 1840.

Naguère, l'arrivée à Tlemcen par la vieille route d'Oran était plus saisissante encore. On se dirigeait droit vers la ville, en franchissant une série de collines et de vallées. Pendant des heures, Tlemcen se montrait puis se dérobait tour à tour aux yeux du voyageur, trompant chaque fois son impatience par un plus merveilleux aspect.

*
* *

Les documents sur l'histoire de Tlemcen sont assez nombreux[1], mais pleins de lacunes, tantôt très détaillés, tantôt très sommaires, souvent obscurs, toujours confus et presque sans liaison avec les notions d'histoire générale qui nous sont familières. A vouloir les éclairer, les synthétiser, l'esprit s'égare parmi un étrange chaos d'évènements dont les causes, les conséquences, les rapports nous échappent. La mémoire ne peut retenir une

1. On peut consulter les ouvrages suivants : *Histoire des Berbères*, par Ibn-Khaldoun ; *De l'Afrique*, par Léon l'Africain ; *Tlemcen, ancienne capitale du royaume de ce nom*, et *Complément de l'Histoire des Beni-Zeiyan, rois de Tlemcen*, par l'abbé J. J. L. Bargès ; *Mémoire sur les tombeaux des émirs Beni-Zeiyan*, par M. C. Brosselard, ancien préfet d'Oran, etc., etc.

foule de noms nouveaux, une longue suite de généalogies princières dont l'exacte connaissance est cependant la base de tout travail sur les luttes continuelles qui, aux siècles les plus brillants de son histoire, agitèrent le monde musulman. Après quelques heures d'étude, on est las comme un spectateur qui voudrait se rappeler les mille aspects d'un kaléïdoscope perpétuellement agité.

Dès l'apparition des premiers hommes en Afrique septentrionale, le pays de Tlemcen fut habité sans doute, car on y trouve de l'eau, des arbres, des terres fertiles dans les plaines, des cavernes nombreuses parmi les rochers.

Suivant une légende rapportée par l'abbé Bargès, l'origine de Tlemcen remonte aux temps les plus reculés. Moïse y vint, Salomon y résida. Des sorciers égyptiens, habiles aux sortilèges, en firent leur cité d'élection. Héritiers des devins qui, aux temps des plaies d'Égypte, avaient lutté de puissance surnaturelle avec Moïse, ils reniaient le Dieu des Juifs et, dans leurs conjurations, invoquaient le Pharaon égyptien submergé au passage de la Mer Rouge. Rien n'est moins probable que cette légende, mais jadis, de même que tout homme illustre devait avoir des ancêtres, toute ville célèbre devait ajouter à ses splendeurs présentes la gloire d'un long passé.

Une autre tradition, plus digne de créance, attribue la fondation de Tlemcen aux Zenata, rameau détaché de la grande famille berbère[1] qui peuplait le nord de l'Afrique.

Quoi qu'il en soit, l'histoire de Tlemcen commence à l'époque de l'occupation romaine, en Mauritanie. Les conquérants élevèrent une ville à quelques centaines de mètres au nord-est de la cité actuelle et, probablement à cause des vergers qui l'entouraient, la nommèrent « Pomaria » : elle avait seize hectares de superficie. On distingue encore la trace de ses puissantes murailles de pierre, parmi les vestiges des remparts plus modernes en brique et en pisé. Les fondations d'une porte écroulée, au nord d'Agadir, firent certaine-

1. « Les Berbères sont les enfants de Chanaan, fils de Cham, fils de Noé. Les Philistins étaient leurs parents. Leur langage est un idiome étranger, différent de tout autre : circonstance qui leur a valu le nom de Berbères. Le mot *berbera* signifie, en arabe, un mélange de cris inintelligibles : de là on dit, en parlant du lion, qu'il *berbère* quand il pousse des rugissements confus. » — (*Ibn-Khaldoun.*)

ment partie de l'enceinte latine, et la base du minaret voisin est construite en matériaux dérobés à des édifices romains. Parfois on retrouve, en creusant la terre, de vieilles monnaies à l'effigie des Césars.

Devenue chrétienne au cinquième siècle, Pomaria fut le siège d'un évêché; ensuite, l'obscurité se fait autour d'elle. On ignore son histoire pendant l'âpre domination des Vandales, puis au temps des victoires de Bélisaire sur ces barbares, enfin à l'époque douteuse où l'Afrique du Nord échappait peu à peu au joug lointain des empereurs d'Orient, restés ses maîtres nominaux. D'ailleurs, le nom même de Pomaria disparaît, remplacé par celui d'Agadir.

Entre le milieu du septième et le commencement du huitième siècle, des hordes musulmanes, originaires de l'Arabie, parcoururent toute l'Afrique méditerranéenne[1], et imposèrent aux

1. Les Arabes venant d'Orient, appelèrent d'abord l'Afrique Mag'reb, c'est-à-dire Couchant. Ensuite, les dénominations se précisèrent et les pays qu'ils occupaient reçurent les noms suivants, en allant de l'Est à l'Ouest :

Egypte.

Pays de Barka, (partie orientale de la régence de Tripoli).

Ifrikiya, (partie occidentale de la régence de Tripoli, Tunisie, province de Constantine).

Berbères l'autorité des califes oméïades d'Orient, qui avaient succédé à la puissance du Prophète, mais n'appartenaient point à sa descendance vénérée. L'Islam sembla devenir la religion générale du pays[1]; beaucoup de tribus cependant, après avoir cédé à la violence des envahisseurs, s'efforcèrent de recouvrer leur liberté. Agadir et le sud du Mag'reb central, entre autres, formèrent alors un territoire indépendant, possédé par la tribu des Beni-Ifren.

Mais en 790, Edris, issu du sang d'Ali, gendre de Mahomet, se révolte contre les Oméïades, gagne le Mag'reb central, l'islamise définitivement

Mag'reb central, (province d'Alger et province d'Oran).
Mag'reb extrême, (Maroc).

Toute la région désertique, au sud de ces divers pays, fut appelée Sahara.

La race berbère ne fut ni détruite ni absorbée par la race arabe. Maintenant encore, certaines populations, certaines familles même de l'Algérie conservent le type berbère très marqué.

Dans notre langage courant, l'usage prévaut d'appeler « Arabes » tous les indigènes de l'Afrique du nord, mais lorsqu'on veut préciser, il est nécessaire d'indiquer si l'on prend cette appellation dans un sens général et un peu vague ou dans un sens particulier, ethnologique et ethnographique.

1. Avant l'invasion musulmane, on trouvait dans le nord de l'Afrique des chrétiens, des juifs, des idolâtres, des adorateurs du feu, des sectateurs de cultes barbares importés de Phénicie.

et s'y crée un royaume, dont Agadir est une des principales cités. Ses descendants, les Edrisides gardèrent son héritage pendant près de deux siècles, au milieu de luttes perpétuelles contre leurs voisins, les princes fatémides qui régnaient à Fez et les princes oméïades qui régnaient à Cordoue. Enfin, en 973, le dernier souverain édriside fut définitivement vaincu par les Oméïades. Après sa disparition, les Oméïades et les Fatémides continuèrent à se disputer le Mag'reb central avec des fortunes diverses, puis la contrée passa sous la domination de princes berbères, vassaux des rois de Cordoue. Vers le milieu du onzième siècle, ces princes furent détrônés par les bandes fanatiques et puritaines des Almoravides[1] qui, parties du Haut-Niger, poursuivaient dans la direction du nord leur marche victorieuse. Un chef almoravide, Youçof-ben-Tachefin, investit Agadir et dressa son camp sur un plateau dominant légèrement la ville au sud-ouest. Tandis que la

1. Le mot *almoravide*, comme le mot *marabout*, vient de *ribat* (couvent). On raconte que les premiers Almoravides se réunirent dans un *ribat*, situé sur un îlot du Nil des Noirs ou Niger.

résistance se prolongeait, ce camp devint une cité nommée Tagrart. Plus tard, après la prise d'Agadir, les deux villes unies formèrent Tlemcen[1]; mais Agadir perdit bientôt son importance, se dépeupla et finit par être abandonnée au profit de Tagrart.

Cependant, les jours du brillant empire almovaride étaient comptés. Au commencement du douzième siècle un jeune Berbère, originaire de l'Atlas, petit et contrefait mais plein d'ardeur et de foi, se met à parcourir les Mag'reb, en stigmatisant les mœurs et prêchant la réforme des croyances. Bientôt, sa doctrine se répand, des prosélytes l'entourent, on le révère comme le Mahdi, le conquérant providentiel qui doit, suivant les écritures, apparaître vers la fin des temps pour rendre à la religion musulmane sa pureté première et gouverner le monde par la justice et la piété.

1. D'après Ibn-Khaldoun, le nom de Tlemcen est « formé de Télem et de Sîn, mots qui, dans l'idiome des Zenata, signifient qu'elle est composée de deux choses. » Ibn-Khaldoun ajoute que ces choses sont la terre et la mer. Un autre historien arabe prétend qu'elles sont le Tell et le désert. Plusieurs auteurs modernes émettent l'opinion très vraisemblable que le nom de Tlemcen fut tout simplement donné à la ville nouvelle parce que son enceinte englobait Tagrart et Agadir.

Enfin, à la tête de ses disciples surnommés Almohâdes[1], il attaque les Almoravides. Lui-même est battu et meurt en 1128; mais son successeur, Abd-el-Moumen, continue la lutte, remporte de nombreux succès et, en 1147, s'empare enfin de Maroc, capitale des Almoravides, puis fait trancher la tête au dernier souverain de cette dynastie. L'année précédente, un des lieutenants d'Abd-el-Moumem avait conquis Tlemcen.

Au treizième siècle, lorsque l'empire des Almohâdes, qui s'étendait de l'Atlantique à l'Egypte et du Soudan à la Castille, fut à ses déclins, la famille berbère des Abd-el-Ouadites se rendit indépendante à Tlemcen, dont elle avait le gouvernement. Sous les Almohâdes, comme sous les Almoravides, Tlemcen n'avait été qu'un gîte d'étape dans la marche victorieuse des conquérants, puis un chef-lieu de province. Les Abd-el-Ouadites y fixèrent la capitale de leurs états, qui comprirent, pendant un temps, tout le Mag'reb central et même une partie de l'Ifrikiya.

Tlemcen, très riche, très florissante, allait d'a-

1. Le mot *Almohâde* signifie : « Disciple de la doctrine de l'unité de Dieu. »

bord payer cher l'honneur de son nouveau rang. Sous le règne de Yarmoracen, premier souverain abd-el-ouadite, elle fut appauvrie et presque dépeuplée au cours de guerres incessantes. Les successeurs de Yarmoracen réparèrent ces désastres, construisirent dans leur métropole des mosquées, des écoles et des palais, appelèrent des savants et des artistes, favorisèrent le commerce. La population s'accrut rapidement et l'on compta dans Tlemcen jusqu'à seize mille familles.

Mais, plus la ville était prospère, plus elle excitait de convoitises. Les souverains mérinides de Fez, après l'avoir vainement assiégée à diverses reprises, l'enlevèrent d'assaut en 1336. Le roi tlemcénien Abou-Tachefin I fut tué en combattant, et la branche aînée des Abd-el-Ouadites disparut avec lui.

Les Mérinides gardèrent Tlemcen pendant vingt-trois ans et l'embellirent encore, avec un goût très pur et très raffiné. Au point de vue artistique, nulle période ne fut plus brillante pour la capitale du Mag'reb central que le temps de la servitude. Le minaret de Mansoura, les mosquées de Sidi Bou-Medin et de Sidi el-Haloui sont l'œuvre des maîtres étrangers.

En 1359, un prince du sang de Yarmoracen, Abou-Hammou-Mouça II, reconquit Tlemcen, et fonda la dynastie des Beni-Zeiyan qui régnèrent jusqu'au seizième siècle.

N'ayant plus rien à craindre des Mérinides de Fez, affaiblis par leurs querelles familiales, ni des princes musulmans d'Espagne, toujours en guerre contre les chrétiens, les Beni-Zeiyan semblaient particulièrement favorisés du sort. Malheureusement, des luttes intestines vinrent affaiblir leur puissance, dont la prise d'Oran par les Espagnols, en 1505, et celle d'Alger par Barberousse, en 1515, marquèrent l'irrémédiable décadence.

Néanmoins, Tlemcen restait illustre par ses docteurs, ses érudits, ses artistes. Sa beauté, son luxe, son opulence étaient toujours vantés. Mais gloire, richesse, science ne sont que dangers pour une ville devenue impuissante à protéger son patrimoine.

Divisés entre eux, vassaux tour à tour des Espagnols et des Turcs, sans force, sans énergie, mais non sans courage, les derniers Beni-Zeiyan voyaient leur pouvoir s'éteindre et leurs états s'en aller par lambeaux. En 1554, le roi Mouley-Hacen, fuyant sa capitale conquise par les Turcs, demanda un asile aux Espagnols d'Oran. Il mourut peu après de la peste, laissant un fils de six ans. Cet enfant, devenu chrétien et appelé Carlos comme son parrain Charles-Quint, fut élevé en Espagne, vécut obscur et mourut oublié[1].

D'autres Beni-Zeiyan étaient restés à Tlemcen malgré l'occupation étrangère. Quelques tombeaux retrouvés par M. Brosselard en font foi; mais les pierres de plus en plus simples, les épitaphes de plus en plus courtes des sépultures princières[2], montrent que les Turcs se hâtèrent d'abaisser les fortunes, et que bientôt le malheur nivela les rangs parmi les vaincus. Depuis longtemps la trace de l'illustre famille est à jamais perdue et nul ne sait dans quelles veines coule le sang des rois.

Léon l'Africain qui visita Tlemcen vers le com-

1. C. Brosselard, *Mémoire sur les tombeaux des émirs Beni-Zeiyans*

2. L'épitaphe de la princesse Ez-Zohr est particulièrement touchante. Voici la traduction qu'en donne M. Brosselard : « Perle rare, elle fut comme le dernier fleuron de la couronne des Beni-Zeiyan. La royauté mourut et fut ensevelie avec elle sous les dalles du Vieux-Château. »

mencement du seizième siècle — au temps où la ville, déjà fort déchue, gardait cependant encore belle apparence, — nous en a laissé une curieuse description :

« Télensin, dit-il, est une grande et royale cité. Du temps du roi Abou-Tachefin[1], elle parvint jusqu'au nombre de seize mille feux; et si elle était accrue en grandeur, elle n'était moindre en civilité et honnête façon de vivre. Après la déchute de la maison de Merin[2], elle fut relevée et parvint peu à peu jusqu'au nombre de douze mille feux.

« Tous les marchands ou artisans sont séparés en diverses places et rues. Outre ce, il y a de beaux temples et bien ordonnés; et pour le service d'iceux, sont députés plusieurs prêtres et prédicateurs ; puis se trouvent cinq collèges d'une belle structure, ornés de mosaïques et d'autres ouvrages excellents, dont les aucuns furent édifiés par les rois de Télensin, et autres par ceux de Fez[3]. Il y a encore plusieurs étuves, et de toutes sortes ; mais elles n'ont pas l'eau à commandement comme celles

1. Abou Tachefin Ier (1318-1336).
2. Sous Abou-Hammou-Mouça II (1359-1389).
3. Pendant la domination mérinide (1336-1359).

de Fez. Il s'y trouve davantage un grand nombre d'hôtelleries à la mode africaine, entre lesquelles il en est deux où logent ordinairement les marchands génois et vénitiens ; puis une grande rue en laquelle demeure un grand nombre de juifs, jadis fort opulents, et portent un turban jaune en tête, afin qu'on les puisse discerner d'entre les autres ; mais ils furent une fois saccagés, à la mort du roi Abou-Habdilla[1], en l'an neuf cent vingt et trois de l'hégire, au moyen de quoi ils en sont pour le jourd'hui réduits à toute extrême pauvreté. Plusieurs fontaines s'écoulent dans la çité, mais les sources sont au dehors, de sorte que facilement les ennemis en pourraient détourner l'eau ; et sont les murailles merveilleusement hautes et fortes, donnant l'entrée par cinq portes très commodes et bien ferrées, joignant lesquelles sont les loges des officiers, gardes et gabeliers.

« Du côté du midi est assis le palais royal[2], ceint de hautes murailles en manière de forteresse, et par-dedans, embelli de plusieurs édifices et bâtiments, avec beaux jardins et fontaines, étant

1. Abou-Abdallah-Mohammed (1505 à 1516).
2. Le Mechouar.

tous somptueusement élevés et d'une magnifique architecture. Il y a deux portes, dont l'une regarde vers la campagne, et l'autre (là où demeure le capitaine du château) est du côté de la cité, hors laquelle se voient de belles possessions et maisons, là où les citoyens ont accoutumé, en temps d'été, demeurer pour le belle ébat qu'on y trouve, par ce qu'outre la plaisance et bel assiète du lieu, il y a des puits et fontaines vives d'eau douce et fraîche ; puis, au-dedans, le pourpris de chacune possession sont des treilles de vigne qui produisent des raisins de diverses couleurs, et d'un goût fort délicat, avec des cerises de toutes sortes, et en si grande quantité, que je n'en vis jamais tant en lieu où je me sois retrouvé. Outre ce, il y croît des figues douces, qui sont noires, grosses et fort longues, lesquelles on fait sécher pour manger en hiver, avec pêches, noix, amandes, melons, citrouilles et autres espèces de fruits, Sur un fleuve nommé Sessif[1], distant de la cité de l'espace de trois milles, y a plusieurs moulins à blé, et d'autres aussi plus prochains d'icelle, en un côté de la mon-

1. Safsaf.

tagne appelée Elcalha. Du côté du midi, retournant devers la ville, demeurent plusieurs Juifs, advocats, notaires, lesquels soutiennent et plaident les causes.

« Les habitants de Tlemcen sont divisés en quatre parties, écoliers, marchands, soldats et artisans.

« Les marchands sont pécunieux, opulents en possessions, hommes justes, ayant en singulière recommandation la loyauté et honnêteté de leurs affaires, et prenant merveilleusement grand plaisir à tenir la cité garnie; en sorte que, pour y faire conduire la marchandise, se transportent au pays des noirs.

« Les artisans sont fort dispos et bien pris de leurs personnes, menant une très plaisante vie, et paisible, et n'ont autre chose qui leur revienne mieux qu'à se donner du bon temps.

« Les soldats du roi sont tous gens d'élite, et soudoyés selon qu'on les sent suffisants et mettables, tellement que le moindre d'entr'eux touche trois ducats par mois, et est ordonné ce salaire pour homme et cheval; car en Afrique on entend tout soldat pour cheval léger.

« Les écoliers sont fort pauvres, et demeurent

aux collèges, avec une très grande misère ; mais quand ils viennent à être doctorés, on leur donne quelque office de lecteur ou notaire, ou bien ils se font prêtres.

« Les marchands et citoyens sont honorablement vêtus, et le plus souvent mieux en ordre que ceux de Fez, parce qu'(à dire vrai) ils sont plus magnifiques et libéraux. »

Sous le joug ottoman, secoué parfois au cours d'obscures révoltes et toujours impatiemment supporté, Tlemcen ne fit que décroître. Là, comme ailleurs, les Turcs apportèrent avec eux l'incurie, la ruine, la stérilité, le néant.

Néanmoins, la ville appauvrie conservait une certaine importance commerciale et un grand prestige. Manquant de points de comparaison, vivant de souvenirs, accoutumés à ne rien entretenir, rien réparer, les Arabes ne voyaient pas le déclin de Tlemcen. Sous les tentes, dans le désert, ils en parlaient toujours avec une admiration égale, et les caravaniers vantaient toujours sa gloire jusqu'aux derniers confins du Soudan. Elle restait pour eux, nomades ignorants, la ville des mosquées belles et saintes d'où les invocations s'envolent très agréables à Dieu; la ville des riches demeures où la vie coule luxueuse, douce et plaisante; la ville aux entours charmants, pleins de sources et de frais ombrages; la ville où un bon musulman peut mieux que dans toute autre cité maugrebine, vivre et prier.

Après la conquête d'Alger par les Français, le sultan du Maroc jugea le moment favorable pour reprendre les ambitions de ses prédécesseurs et soumettre l'ancienne capitale du Mag'reb.

La population tlemcénienne se trouvait alors partagée en deux factions : d'un côté, les Coulouglis, issus de Turcs et de femmes indigènes; de l'autre, les Maures ou Hadars, issus d'origines très diverses et de sangs très mélangés, mais paraissant représenter la descendance des anciens habitants du pays[1]. Les premiers, fiers d'appartenir à la race

1. Voir sur ce sujet, et sur l'histoire de Tlemcen, entre 1830 et 1842 : *L'Algérie de 1830 à 1840*, et *La Conquête de l'Algérie (1841-1857)*, par Camille Rousset; *Les deux généraux Cavaignac, souvenirs et correspondances*; un article sur le général Cavaignac, publié, en avril 1901, dans le *Carnet de la Sabretache*, etc., etc. J'ai également pu, grâce à la bienveillance de M. Godefroy Cavaignac, consulter quelques lettres inédites de son très illustre père.

conquérante, formaient une aristocratie[1], et se groupaient autour des fonctionnaires turcs dans l'enceinte du Mechouar : la vieille citadelle dont les hautes murailles, confrontant d'un côté à la campagne, avaient jadis protégé le palais des rois, et formé le réduit de la défense. Les seconds, beaucoup plus nombreux, composaient, avec les Israélites, la population urbaine proprement dite.

Les Maures firent bon accueil aux Marocains qu'ils considéraient un peu comme leurs compatriotes, et dont le Sultan, né de race chérifienne[2], jouissait d'un grand prestige religieux en Afrique occidentale. Quant aux Turcs et aux Coulouglis, ils s'enfermèrent dans leur citadelle et n'admirent aucune entente avec le gouvernement marocain. Le quartier juif, placé entre le Mechouar et les quartiers arabes, demeurait un terrain neutre ; ses habitants recevaient une partie des coups mais ramassaient toutes les dépouilles. La ville était pleine de bar-

1. On évaluait à un millier le nombre des Turcs et des Coulouglis.

2. C'est-à-dire descendant plus ou moins authentique de Mahomet.

ricades, on labourait en armes, les moissons étaient gardées.

Ainsi allaient les choses depuis quatre ans déjà, lorsque, après le traité *des Michels*, Abd-el-Kader vint occuper Tlemcen. Les Maures tentèrent quelque résistance, mais, attaqués de front par l'émir et pris à revers par les défenseurs du Mechouar, ils furent aisément battus. Abd-el-Kader se montra modéré après sa victoire, et les Maures acceptèrent sa domination de bonne grâce. Les Coulouglis, au contraire, se maintinrent sur la réserve, déclarant qu'ils combattaient les Maures pour leur compte et ne voulaient rien avoir de commun avec l'arabe Abd-el-Kader. Bref, ils fermèrent leurs portes et les tinrent closes obstinément, tandis que l'émir, n'ayant ni le temps ni les moyens d'entreprendre le siège du Mechouar, s'en retournait à Mascara.

Quand nous reprîmes la lutte contre Abd-el-Kader, les Turcs et les Coulouglis, devenus nos alliés, tenaient toujours derrière leurs murailles. En 1836, leur chef Moustafa-ben-Ismaïl remit enfin le Mechouar au maréchal Clauzel. Ils étaient alors sept cent soixante-quinze, mais quatre cent trente-deux seulement possédaient des armes. On donna aux autres des fusils français, et tous se mirent, avec nos troupes, à la poursuite de l'émir.

Cinq cent soixante hommes de bonne volonté, sous les ordres du capitaine Cavaignac, formèrent la nouvelle garnison du Mechouar, et, après le départ du gros de nos forces, s'y maintinrent de longs mois, au milieu de très graves périls, encore accrus par les difficultés périodiques du ravitaillement.

Cependant, on négociait de nouveau avec Abd-el-Kader. Le 12 juillet 1839, en vertu du traité de la Tafna, il prit enfin possession du Mechouar.

« Quant aux volontaires qui avaient composé la garnison de la citadelle, ils entrèrent, à la suite de leur commandant Cavaignac, le stoïque, dans les bataillons de zouaves où Lamoricière se fit un honneur d'accueillir ces vaillants qu'on appelait dans l'armée les anciens de Tlemcen »[1].

Tandis que la France entière exaltait les défenseurs du Mechouar, le gouvernement se montra d'abord peu enclin à les récompenser. Cavaignac passait pour républicain et avait des ennemis :

1. Camille Rousset, *L'Algérie de 1830 à 1840.*

tout en faisant miroiter à ses yeux certains avantage personnels, on cherchait à lui infliger le chagrin et l'opprobre de voir ses inférieurs oubliés. Il ne le voulut point. Son âme pure et hautaine — plus sensible aux devoirs qu'aux honneurs du commandement — se révolta, et il réussit enfin, à force de désintéressement et de fermeté digne, à faire rendre à tous ses compagnons la justice qui leur était due [1].

La paix conclue avec Abd-el-Kader dura peu. Au mois de février 1842, une colonne française, commandée par le général Bugeaud, occupa Tlemcen que l'émir venait de quitter en se retirant sur le territoire marocain. Avant de partir, il avait fait évacuer la ville. Toute la population campait aux alentours dans la neige et dans la boue. Elle revint d'ailleurs, et fort vite, aussitôt que la promesse d'une occupation française permanente l'eut rassurée contre la vengeance redoutée du grand chef arabe.

1. Je me souviens d'avoir noté, en feuilletant la correspondance de Cavaignac, cette admirable phrase : « Dans la position où l'on a placé mes officiers, il leur faut pour chef un compagnon de malheur ; un favori serait sans pouvoir sur eux ».

Tel fut le dernier épisode de la conquête de Tlemcen. Il s'agissait maintenant de relever la ville qui n'était plus qu'un vaste débris.

« A notre arrivée, écrivait en 1842 le docteur Catteloup[1], Tlemcen présentait l'aspect morne et triste d'une ville en ruines. Comme avant son occupation par les Français, il n'existait pas d'hygiène publique, nous avons trouvé les traces de cette incurie, de cette insouciance qu'ont les indigènes pour l'amélioration de leur bien-être ou la conservation de leur santé. Aussi, les rues et les places étaient-elles alors de véritables voieries, des réceptacles d'immondices déposées là par chacun, sans aucun souci de blesser les sens du voisin, dont la délicatesse, du reste, n'en était sans doute nullement incommodée ; des flaques de boue, au milieu desquelles on trouvait quelquefois des animaux morts, fermentaient au soleil et infectaient au loin la colonne atmosphérique. L'intérieur des maisons, grâce au peu de répugnance de leurs propriétaires, se ressentait nécessairement de ce

1. E. de Lorral, *Tlemcen*. Voyage publié dans *le Tour du Monde*.

hideux entourage. La vie se passait au milieu d'eaux croupissantes mêlées aux débris d'animaux en putréfaction ou à des amas de fumier en décomposition. Les anciens égouts étaient obstrués, le produit des latrines publiques et privées et les eaux sales ne trouvant plus de libre écoulement, restaient en stagnation dans les rues et sur les places. Quelquefois les conduits d'eau potable se crevaient et alors un horrible mélange infectait les eaux destinées aux usages domestiques.

« Le quartier juif surtout, près de la belle promenade du Mechouar, surpassait les autres en malpropreté et en insalubrité. »

En outre, l'état de guerre, continuel depuis une vingtaine d'années, avait amené dans les environs une insécurité si grande que les habitants de la ville osaient à peine s'éloigner des poternes. Leurs cultures, réduites à une zone étroite à l'entour même des murailles, ne pouvaient plus les nourrir, et, pour grossir leurs récoltes, ils en étaient venus à ensemencer tous les jardins, toutes les cours, tous les espaces libres de Tlemcen. Telle une cité maudite sur les ruines de laquelle la charrue aurait passé.

*
* *

Aujourd'hui, Tlemcen, avec ses belles allées, sa place Cavaignac et sa place des Victoires d'où la vue franchissant les toitures découvre un immense horizon, ses arbres merveilleux d'une hauteur énorme et d'une splendide venue, ses minarets que les cigognes pensives couronnent chaque année de leurs nids sarmenteux, son Mechouar bordé de hautes murailles bizarrement tracées ; Tlemcen, dis-je, pourrait enclore dans ses modernes remparts de pierre grise, une charmante ville européenne et la plus séduisante, la plus curieuse, la plus évocatrice cité arabe de l'Algérie. Mais il aurait fallu, tout en réparant l'ancienne capitale des Beni-Zeiyan, la séparer nettement de la moderne sous-préfecture française, laisser à la première son étrangeté, sa couleur, son charme, faire la seconde pimpante, ombragée, arrosée, coquette et fleurie. Au lieu de cela, les nouveaux arrivants frayèrent des rues, ouvrirent un boulevard, bâtirent des maisons dans la vieille ville. En voulant moderniser Tlemcen, ils lui enlevèrent sa poésie. A notre voisinage, ses curieux haillons prirent l'aspect de loques vulgaires, sa patine ne sembla plus être que de la crasse.

Beaucoup de rues nouvelles, empruntant d'anciens tracés, sont tortueuses ; le boulevard ne mène à rien ; les maisons modernes, petites, resserrées, sans jardins, presque sans cours, paraissent laides et communes ; souvent même, leurs façades neuves sont de simples placages recouvrant de vieilles masures. Chaque coup de pioche donné dans le sous-sol de l'antique cité, tout sillonné d'égouts en ruines devenus des puisards, fait fuir dans l'atmosphère des puanteurs nouvelles. L'ordure arabe envahit tout, s'étale partout, débordante, contagieuse, irréductible, inéluctable. Il semble que l'élément indigène regagne peu à peu le terrain d'abord perdu. De même que le mendiant se venge de la richesse du passant avare et superbe en lui lançant une vermine, les Arabes se vengent de notre pouvoir, en nous polluant de leur saleté.

Les parties encore intactes des anciens quartiers — où des ruelles, des passages, des allées couvertes montent, descendent, s'infléchissent, se croisent comme les galeries d'une fourmilière — sont curieuses par leurs fondoucks toujours encombrés ; leurs cafés maures bruyants ; leurs boutiques ouvertes à la mode orientale, d'où s'exhale une senteur de friture, d'eau de rose et de tabac. On y rencontre des indigènes, d'ordinaire fort loqueteux ; des femmes, tout de blanc vêtues, très enveloppées, très voilées, découvrant tout juste un œil ; des gamins aux costumes pittoresques et voyants ; des gamines, trop jeunes pour porter le voile mais déjà coquettes, coiffant leurs chevelures rougies au henné du joli petit bonnet tlemcénien : cône de velours écarlate brodé et rebrodé d'or clinquant. Mais c'est à peine si le flâneur trouve çà et là quelques vestiges dignes d'être signalés. Toutes les maisons se ressemblent. Elles montrent à l'extérieur des murs blancs unis, sans autres ouvertures qu'une porte basse et d'étroites fenêtres grillées. Après avoir franchi une sorte de passage, coudé à dessein pour décevoir le regard indiscret des passants, on pénètre dans la cour formant le centre de l'habitation. Petites d'ordinaire, souvent ombragées, parfois ornées d'une fontaine et bordées de galeries, les cours arabes charment par leur recueillement, leur intime mélancolie. En elles se résume toute la vie familiale, dont elles sont l'unique horizon. Sur chacune de leurs faces se trouve généralement une seule pièce étroite et longue, dont le milieu, garni de tapis et de coussins, sert de « salon ». Des arcades ménagent aux deux extrémités des réduits obscurs — sortes d'alcôves — qui forment les chambres à coucher. Jadis, quelques coffres, des tables basses, des coussins, des tapis, des couvertures, des nattes composaient tout le mobilier des maisons arabes. Maintenant, on y voit souvent de vulgaires lits de fer abrités par des rideaux de mousseline.

Les étages, s'il y en a, sont disposés de la même manière que le rez-de-chaussée. Leurs pièces s'ouvrent sur des galeries ou des balcons desservis par un escalier qui monte jusqu'aux terrasses supérieures.

Comme jadis, les artisans de même métier groupent dans certaines rues leurs ateliers ou leurs magasins, devenus pour la plupart insignifiants et pauvres. Je veux pourtant signaler à l'attention les officines des droguistes indigènes. Ils préparent pour leurs compatriotes une étrange

5

pharmacopée, basée sur des herbes aromatiques qui jouent le rôle de philtres, et un dépuratif qui joue le rôle de panacée.

Dans l'ancien quartier juif, toutes les vieilles demeures sont construites à la mode arabe, mais pour gagner les cours intérieures, en venant de la rue, il faut descendre des marches nombreuses. Les rez-de-chaussée sont des sous-sols ; les cours ont l'aspect et la fraîcheur de basses-fosses ; les puits voisinent intimement avec les égouts. Rien n'est plus malsain que ces habitacles. Néanmoins, les Juifs s'y trouvent à l'aise et, pendant l'été, augmentent encore l'ombre des cours au moyen de claies en feuillage. A l'extérieur, près de l'entrée, apparaissent, plaquées contre le mur, les traces bleues, vertes ou rouges de mains largement ouvertes pour conjurer le sort mauvais. Les Arabes croient également à la vertu talismanique de ces empreintes, mais les multiplient moins que les Juifs.

Jusqu'à ces dernières années, Tlemcen, situé sur les confins du Tell et du Sud infini, à proximité du Maroc, était toujours le terminus de nombreuses caravanes et restait un centre d'échanges très fréquenté. Maintenant, son importance commerciale diminue en raison directe des progrès de la colonisation, de l'extension des routes et des chemins de fer. La plupart des grandes caravanes en relation avec le Sud prennent ou déposent leurs marchandises aux gares les plus méridionales des voies ferrées, ce qui, malgré les tarifs très élevés des lignes algériennes, constitue une économie sur les frais de transport. En outre, la conduite des caravanes sur les routes, en pays cultivés, devient singulièrement pénible. Dans le désert, les chameaux marchent lentement, comme à la promenade, en s'écartant les uns des autres pour brouter de ci de là. Après l'étape, ils pâturent et finissent toujours par découvrir quelques végétaux à leur convenance, même dans les cantons les plus arides. Sur les routes, au contraire, il faut les maintenir en files, les faire ranger au passage des voitures, les empêcher de tondre avec leurs langues les récoltes du prochain ; enfin, le soir venu, il est nécessaire de les parquer et de les nourrir.

Du côté du Maroc, il est vrai, la voie ferrée s'arrête à Tlemcen, mais une route excellente, très propre au roulage, va jusqu'à Maghnia et le marché de cette ville, limitrophe de la frontière, croît aux dépens du marché de Tlemcen.

*
* *

Jadis, l'industrie maugrebine fut très florissante. Sans caractère propre bien défini, recevant ses inspirations, ses modèles de l'Espagne et du Maroc, pratiquée même souvent par des ouvriers originaires de ces pays, elle atteignit cependant une grande perfection et jouit d'un renom considérable. Mais la tyrannie imprévoyante des Turcs et la paresse des Arabes actuels laissèrent tout péricliter. Aujourd'hui, Tlemcen ne produit plus, d'une façon courante et en quantités appréciables, que des étoffes insignifiantes; des couvertures de laine blanche, grossièrement striées de raies aux couleurs criardes; des tapis de haute laine, genre Smyrne, tissés dans une école professionnelle ouverte récemment; d'assez beaux cuirs, teints à l'ordinaire en rouge ou en jaune; enfin de riches broderies d'or et d'argent, sur maroquin ou sur soie. A l'encontre des autres artisans tlemcéniens devenus grossiers et inhabiles, les brodeurs semblent garder encore les traditions d'art, les secrets de métier qui distinguèrent leurs prédécesseurs, et rendirent les cuirs brodés de Tlemcen célèbres jusqu'à l'égal des cuirs gaufrés de Cordoue. Malheureusement, ces brodeurs habitent de pauvres petites boutiques dans les vieilles rues indigènes et n'ont guère d'autres clients que leurs compatriotes. La plupart des touristes les négligent et, voulant rapporter des souvenirs de voyage, achètent dans un ou deux bazars des « objets algériens » venant pour la plupart du Maroc, de Tunis, du Caire, de Damas, de Constantinople, des Indes, de Lyon, de Limoges, voire de la rue Saint-Antoine ou de la rue Saint-Denis. Je dois dire aussi que les ouvriers arabes ignorent totalement la partie commerciale de leur métier. Ils sont si négligents, si irréguliers dans leur travail, si incapables de hâte, d'activité, d'ordre, d'esprit de suite, si maladroits dans leurs rapports avec les Européens, qu'ils lassent les meilleures volontés. Et pourtant, l'industrie des brodeurs maugrebins mériterait d'être encouragée. Pour lui venir en aide, il n'y aurait ni écoles professionnelles à créer, ni maîtres ouvriers à établir, ni procédés nouveaux à répandre, il suffirait de la faire connaître telle qu'elle était jadis, telle qu'elle est encore aujourd'hui, et de faciliter par quelques moyens les relations entre les ouvriers indigènes et les acheteurs étrangers.

La céramique tlemcénienne paraît n'avoir guère produit que des terres vernissées d'une seule couleur : vases, tuiles de toiture, carreaux employés entiers pour les pavages et les revêtements, ou bien découpés en particules de mille formes pour les mosaïques.

Les nuances habituelles étaient : le bleu turquoise, le vert, le jaune clair avec des tons et des transparences de miel, le noir, le blanc. On trouve aussi des bleus foncés, des bruns feuille morte, des bruns acajou, des bruns tirant sur le violet, un blanc crémeux, lacté, dont les tons rappellent ceux de l'opaline. Mais toutes ces dernières colorations semblent avoir été exceptionnelles ou accidentelles. D'ordinaire, les carreaux étaient unis et monochromes; cependant, la mosquée de Bou-Medin et les petits marabouts d'Aïn-el-Hout renferment quelques carreaux verts ou bruns, délicatement travaillés : ce sont « soit des estampages à base florale, en doux reliefs, soit des *engobes* à émail ombrant, dessinant de capricieux méandres obtenus en deux tons par de patientes réserves[1]. » J'ai aussi ramassé, parmi les ruines de Mansoura, un fragment décoré d'émaux verts, jaunes, blancs et noirs, séparés par d'étroits sillons qui laissent apercevoir le fond mat de la terre cuite.

Quant aux vieux plats de faïence polychrome, devenus très rares aujourd'hui, ils semblent être de provenance marocaine. Quelques-uns sont jolis, originaux, gracieux de dessin, plaisants de nuances. Ils rappellent les beaux plats hispano-arabes et diffèrent absolument des affreuses faïences peinturlurées de bleu sale et de blanc, avec des macules rouges semblables à des pains à cacheter, que le Maroc nous envoie aujourd'hui.

On trouve encore à Tlemcen quelques potiers habiles à revêtir la terre cuite d'émaux éclatants. Mais ils travaillent au fond d'anciens silos difficiles à découvrir parmi des terrains vagues, et ne sont presque jamais chez eux. C'est un danger de

1. A. Renan, *Paysages historiques.*

s'aventurer dans leurs parages; car on risque soit d'être dévoré par leurs chiens de garde, soit de tomber dans les trous à fleur de terre par lesquels s'échappe la fumée de leurs fours. C'est un travail de les joindre, un travail bien plus grand de leur faire prendre une commande et surtout d'en obtenir l'exécution à peu près régulière dans des limites de temps admissibles. Bref, je pourrais citer à Tlemcen, tel bâtiment moderne, dont les décorations céramiques ont fini par être commandées à Choisy-le-Roi.

Des orfèvres juifs, installés dans une courte ruelle voisine de la place d'Alger, fabriquent pour les femmes arabes des colliers, des boucles d'oreilles, des agrafes, de lourds bracelets de pied. Ces bijoux sont assez jolis, mais sans grand intérêt. Si leurs formes reproduisent toujours de très vieux modèles, ils deviennent grossiers d'exécution. En outre, l'art de l'émaillage sur métal, très pratiqué naguère, semble presqu'oublié.

Comme objets réellement curieux, on ne trouve rien à Tlemcen, sauf quelques vieilles monnaies d'or égarées parmi les sequins plus modernes dont les femmes ornent leurs colliers. Tous, absolument tous les travaux des ouvriers d'art maugrebins — orfèvres, armuriers, ciseleurs, dasmaquineurs — ont disparu, détruits dans les sacs et les pillages, fondus à la demande de leurs propriétaires appauvris, ou bien achetés, dès le début de la conquête, par des touristes avisés. Je n'ai même jamais entendu parler d'objets précieux découverts en creusant la terre ou en démolissant de vieilles demeures; et cette dernière remarque me fait supposer que l'art maugrebin a beaucoup moins produit qu'on ne le suppose d'ordinaire.

*
* *

Parmi les villes algériennes Tlemcen est une des seules où l'élément indigène demeure toujours important. Les Arabes y sont nombreux[1], relativement aisés, relativement instruits. La vieille capitale maugrebine conserve chez les musulmans

1. D'après une statistique récente, la commune de Tlemcen, formée de la ville et de cinq villages voisins, compte environ 5.000 Européens, 4.500 Israélites, 17.500 Musulmans.

de l'Afrique septentrionale toute sa réputation. Elle reste, grâce à ses belles mosquées, à son pèlerinage célèbre de Bou-Medin, à ses écoles, un centre d'influence religieuse et d'instruction. Il n'est pas une illustre famille arabe, pas une tribu puissante, pas une confrérie renommée, pas un saint marabout, même dans les régions sahariennes les plus reculées, qui ne soit en relations intimes avec quelque Tlemcénien. D'autre part, depuis un demi-siècle, les Européens et les indigènes vivent à Tlemcen en contact perpétuel et en rapports faciles. On ne saurait donc trouver un meilleur terrain d'observation, un champ d'expérience plus favorable pour rechercher l'action produite par notre civilisation sur la civilisation arabe. Il est probable, il est certain que cette action existe, qu'elle opère par un lent travail d'osmose, mais ses résultats nous échappent.

Au physique, l'apparence générale des Arabes actuels est restée celle de leurs pères, de leurs aïeux, mais beaucoup sont de complexion médiocre et, chose singulière, la plupart des hommes qui se distinguent par une belle prestance, une haute taille, une physionomie ouverte, une apparence générale de vigueur et de santé, portent certains signes très caractéristiques prouvant qu'ils eurent des nègres parmi leurs proches ascendants. On dirait que le sang noir encore pur, agissant comme un puissant sérum, les a régénérés. Quelque amateur de statistique pourrait, en examinant nos spahis et nos tirailleurs, faire de curieuses remarques à ce sujet.

Au moral, les âmes des Arabes, leurs idées, leurs manières de voir, de sentir, de discuter, de juger toutes choses, ont-elles changé à notre contact? Il n'y paraît guère, même parmi ceux que des motifs divers mettent en relations continuelles avec les Européens. S'ils prennent de nous quelques sentiments, ce sont nos défauts bien plus que nos qualités. Leur race, préservée par sa religion de l'alcoolisme, fléau des peuples inférieurs et vaincus, croît et multiplie encore, mais son esprit usé semble incapable de toute évolution, soit en avant vers notre civilisation, soit en arrière vers l'antique civilisation arabe. Sa grandeur si vantée, sa noblesse ne sont que de vaines apparences. A quelques exceptions près, tous les Arabes de la classe élevée sollicitent, tous ceux de la classe moyenne quémandent, tous ceux de la classe inférieure mendient. Dans les villages, dans les douars[1], le premier geste que savent faire les enfants est celui de tendre la main, les premiers mots qu'ils balbutient sont : « Soldi Môssieur ». D'ailleurs, en dehors des relations utiles qu'ils s'efforcent de nouer avec certains fonctionnaires, dans un but intéressé, les Arabes ne recherchent guère notre compagnie et, je dois l'ajouter, nous recherchons encore moins la leur. Au début de la conquête, certains Français essayèrent d'entrer en relations suivies avec les indigènes, de les amener à nous en allant d'abord vers eux. Suivant l'expression consacrée, ces Français s'arabisèrent, les uns par conviction, croyant faire œuvre utile, les autres par curiosité, par attrait de sensations nouvelles, par dilettantisme. Réussirent-ils à quelque chose ? C'est fort douteux. Dans tous les cas, ils ont disparu sans laisser d'imitateurs.

A Tlemcen, sur la place du Mechouar, on voit un café français et un café maure, également fré-

1. Douar : groupe de tentes. Le mot douar vient, suivant les étymologistes, de *medouer* = rond, parce que d'ordinaire les tentes sont placées sur une circonférence.

quentés. Ils appartiennent, je crois, au même propriétaire, et seules quelques caisses de lauriers-roses délimitent leurs terrasses mitoyennes; néanmoins, leurs clients paraissent aussi étrangers les uns aux autres que si un siècle, un océan, un monde les séparaient.

Parfois, certains Arabes semblent adopter nos mœurs, nos usages, mais leur européanisation reste superficielle ; à un moment donné, surtout lorsqu'ils vieillissent ou sentent leur fin prochaine, l'Islam les reprend tout entiers.

J'avais connu un officier indigène, nommé D..... aimable, instruit, intelligent, parlant bien notre langue, très francisé. Un jour, comme je passais devant l'hôpital de Tlemcen, au retour d'un voyage, je vis le médecin qui arrivait fort affairé.

« Notre ami D....., me dit-il, est à toute extrémité et me conjure de le faire transporter chez lui. Il veut mourir dans sa maison arabe, parmi les souvenirs des siens. J'ai résisté tant que j'ai cru pouvoir le soigner plus utilement ici, mais maintenant tout espoir est perdu, je ne veux pas refuser à son agonie cette dernière consolation. Venez le voir; il a toute sa connaissance et sera heureux si vous lui dites quelques mots pendant qu'on organise son départ ».

Je trouvai D..... au plus mal, luttant pour ne pas mourir encore. Une femme, vêtue à la mode indigène et soigneusement voilée, pleurait, assise près de son lit. Au moment que j'allais sortir, elle se leva et me remercia d'être venu, en très bon français. Comme je ne pus m'empêcher de lui marquer de la surprise, en l'entendant parler si correctement, elle me répondit.

« Je ne suis pas Arabe mais j'ai épousé monsieur D....., suivant les lois de son pays. Jusqu'à ces derniers temps, j'avais gardé toutes les coutumes européennes. Seulement, depuis qu'il est si malade et que ses idées se brouillent un peu, il m'a priée de me voiler et de me vêtir comme sa mère et ses sœurs. Le pauvre ! je n'ai pas voulu lui refuser ».

Je ne citerai que cet exemple, mais on pourrait facilement en trouver mille autres, prouvant la pérennité de certains sentiments, la profondeur de certaines empreintes chez les indigènes algériens.

Au point de vue politique, l'immense majorité des Arabes paraissent avoir pris franchement leur parti de notre domination et se montrent fidèles sujets de la France. Ils trouvent notre gouvernement préférable à la tyrannie des Turcs, apprécient nos routes, nos chemins de fer, et se disent que, même sous le joug des infidèles, un bon musulman, exact à prier cinq fois par jour, peut faire son salut; mais on ne saurait leur demander des sentiments de patriotisme analogues aux nôtres, ni même un réel « loyalisme » envers nous. L'idée du droit au pouvoir basé sur une longue possession, sur des conventions, des traités, n'existe pas pour eux. A leurs yeux, toute puissance indigène est d'essence divine, toute puissance étrangère est et reste de fait, sans rien de plus. Qu'une série de catastrophes nous atteigne, que notre pouvoir vacille, qu'un marabout se lève alors pour prêcher la guerre sainte, il aura bien vite une armée. Si nul chef religieux, puissant, respecté ne veut prendre la direction du mouvement, les circonstances pousseront quelque inconnu au premier rang. La foi dans l'homme providentiel, le Maître de l'heure, le Mahdi, est absolue parmi les Arabes. En toutes circonstances graves, ils l'attendent, le cherchent, sûrs qu'ils le verront paraître au moment fixé par Dieu. Leur espoir en lui est une certitude. Ils ne doutent pas plus de sa venue que le voyageur égaré dans la nuit ne doute de la renaissance du jour. D'ailleurs, pour les Arabes, rien n'est définitif, rien n'est complètement périmé; le monde ne marche pas, il oscille d'avant en arrière; l'histoire peut se recommencer; tout ce qui fut peut encore être. Le sentiment caractéristique des indigènes est une espérance universelle et tenace, qui les amène à croire contre toute attente, contre toute raison au succès de leurs entreprises. Parmi eux, le cultivateur misérable fouillera toute sa vie la même ruine, convaincu qu'il y trouvera un trésor, et deviendra riche comme un roi; l'emprunteur pensera que l'échéance de sa dette doit être indéfiniment reculée; le journalier remettra régulièrement son salaire au sorcier qui lui promet la fortune, et à chaque échec se persuadera seulement qu'une formule a été oubliée dans les incantations. Même, le sorcier finira par ajouter créance à ses propres impostures. Et cette foi ardente en des réussites futures est l'essence même de leur religion; ils la puisent dans le livre saint par excellence, dans le Coran.

Qu'il me soit permis de citer à ce sujet l'opinion d'un prêtre catholique, fort instruit des choses algériennes.

« On croit, me disait-il, pouvoir donner aux indigènes notre civilisation, nos idées, notre philosophie, sans qu'ils adoptent notre religion; mais, dans toute civilisation la religion est le principe actif, le ferment. C'est elle qui gagne les âmes, séduit les cœurs, fait des prosélytes, entraîne les peuples. Sans elle, tout système philosophique, si grandes qu'en soient l'élévation et la beauté, demeure limité à un très petit nombre d'adeptes, à une élite. C'est par son union intime avec la religion que la philosophie chrétienne a conquis le monde, tandis que toutes les doctrines des sages de Rome ou de la Grèce demeuraient sans action sur les croyances de l'immense majorité. N'en doutez pas, les dissemblances resteront énormes entre les Européens et les indigènes, tant que les premiers auront pour *livre* l'Évangile, et que les seconds auront pour *livre* le Coran. »

Il ne m'appartient pas de discuter cette opinion. Quant au relèvement de la race arabe — s'il est possible — il ne saurait être que fort lent, en rai-

6

son de l'état d'infériorité, d'abaissement moral, même d'abjection où les indigènes en étaient venus sous le joug ottoman. Notre erreur initiale, dans la colonisation de l'Algérie, fut de croire à la possibilité immédiate de ce relèvement. Après la prise d'Alger, les Turcs, — vaincus et subissant le sort sans rancune ou bien poursuivant une vengeance contre leurs anciens sujets — nous donnèrent d'utiles indications sur la valeur des indigènes et de sages conseils sur la manière de les gouverner. Nous n'en tînmes aucun compte; puis, moitié par sentimentalité, moitié par gloriole, nous inventâmes Abd-el-Kader pour avoir un adversaire digne de nous. C'était un chef d'autorité et de prestige moyens, plein de ressources et d'orgueil, ayant quelques qualités brillantes et beaucoup de défauts, tantôt héros, tantôt fantoche, néanmoins très supérieur à ses compatriotes. Les Turcs l'auraient méprisé comme un rebelle quelconque et, après l'avoir soumis, l'auraient oublié. Nous en fîmes un Jugurtha. Tel quelque preux du Moyen-Age armant son adversaire chevalier avant de le combattre, pour avoir plus d'honneur à en être victorieux.

Nous sommes maintenant revenus de toutes ces belles illusions, de toutes ces aspirations, de tous ces grands sentiments, mais ils nous ont coûté fort cher.

Il fallait d'abord profiter de l'abaissement extrême des Arabes pour les soumettre, ensuite, si la chose semblait possible, tenter de les régénérer. Au lieu de cela, nous crûmes que leur race, libérée de la tyrannie ottomane, allait s'unir, retrouver sa nationalité éparse, puis refleurir sous nos lois — reconnaissante et fidèle. Abd-el-Kader parvint, il est vrai, à réveiller parmi les populations indigènes quelques sentiments d'union, mais cette union se fit seulement contre nous. Nulle amélioration, nul progrès des Arabes n'en fut la suite.

Aujourd'hui encore, les Coulouglis, descendants des Turcs abhorrés, forment l'élite de la population musulmane de l'Algérie. Ils se distinguent des autres indigènes par leur intelligence, leur assiduité, leur aptitude aux affaires, et même une certaine probité. Parmi nous, cette probité semblerait si élémentaire qu'on croirait injurieux de la louer ; mais, en Algérie, elle prend l'aspect d'une vertu cardinale par comparaison avec la fourberie dont les Arabes sont coutumiers.

Quant aux Juifs, fort nombreux et, d'ordinaire très détestés en Algérie, je n'ose guère en parler : la question est trop brûlante. D'ailleurs, je professe à leur égard une opinion « moyenne », une de ces opinions avec lesquelles on est sûr de mécontenter tout le monde et que, par conséquent, il vaut mieux garder pour soi.

*
* *

En quelques heures on peut visiter Tlemcen. Les seules curiosités sont la Grande Mosquée, la mosquée d'Abou'l-Hacen, le Mechouar, un très modeste musée ; puis, pour ceux qui veulent tout voir, quelques mosquées de beaucoup moindre intérêt ; un très vieux bain maure, situé entre la rue de Mascara et la rue Khaldoun ; enfin, la caserne du Train — appelée la Kissaria — qui garde encore de nombreux vestiges de l'ancien quartier franc concédé jadis aux marchands chrétiens par les rois de Tlemcen.

*
* *

Toutes les mosquées maugrebines sont du même style et paraissent dériver d'un modèle unique, de même que toutes les mosquées de Constantinople semblent être « issues » de Sainte-Sophie.

A l'extérieur, les murs nus, blanchis à la chaux, ne comportent aucune recherche architecturale, ni même aucun souci d'esthétique, sauf pour certains portails embellis par une décoration céramique somptueuse, et quelques entourages de fenêtre, simples mais élégants.

On ne voit ni coupoles, ni nefs surélevées ; chaque vaisseau comprend une série de travées égales, surmontées chacune d'un toit à double pente.

Le minaret, placé d'ordinaire à l'un des angles de la mosquée, dont il forme le complément indispensable, est une tour carrée, lourde et massive, ornée à sa partie supérieure de fausses baies séparées par des colonnettes, et de carreaux de faïence très diversement disposés. Au sommet se trouvent une terrasse, entourée d'un parapet dentelé, puis un édicule central, semblant être la réduction de la tour qu'il surmonte, enfin un épi de fer pointu traversant des boules ou des croissants dorés.

A l'intérieur, le seul ornement usité pour la décoration murale est l'arabesque de plâtre ; mais, en raison même de sa délicatesse, cet ornement doit être placé un peu haut, hors de la portée habituelle des mains, ce qui laisse le bas des murailles complètement nu.

Les poutraisons, généralement apparentes, gardent encore quelques traces de peintures et de sculptures.

Les gros matériaux employés sont le pisé pour les murs des mosquées; la brique pour ceux des minarets; le cèdre pour les charpentes ; la tuile vernissée pour les toitures; la pierre ou l'onyx pour les dallages.

Dans toutes les mosquées importantes, une cour bordée d'arcades — un cloître — précède le sanctuaire. Là se trouvent les fontaines où les croyants viennent se purifier suivant les lois de Mahomet.

L'architecture religieuse maugrebine se complaît aux petites proportions. Elle y peut faire valoir, sans effort, toute la richesse de ses décorations extérieures en faïence, toute l'élégance de ses décorations intérieures en plâtre ciselé. Au contraire, l'absence de coupoles, l'uniformité des travées, toujours étroites et basses, la multiplicité des toitures semblables rendent le style maugrebin peu propre aux vastes édifices.

*
* *

La Grande-Mosquée, dont la construction remonte au douzième siècle, occupe, avec ses dépendances, un vaste quadrilatère, au centre de la ville. Naguère, quand elle émergeait d'un fouillis de maisons basses, d'échoppes, de ruelles, ses dimensions extérieures et intérieures devaient produire un saisissant effet. Maintenant, ses abords sont presque entièrement dégagés. Elle confine en avant et sur l'un des côtés à de larges voies nouvelles, en arrière à la place de la Mairie. Dans ce cadre très moderne, elle frapperait encore le regard et retiendrait peut-être l'attention, si on avait su disposer ses entours, lui ménager quelques perspectives. Au lieu de cela, des murs de clôture vulgaires l'environnent et en masquent la vue. Seule, la face orientale reste bordée, comme jadis, par une étroite ruelle qui passe entre la mosquée et un petit hôpital fondé par quelque pieux musulman. De nombreux contreforts et des arcades, semblables aux arcs-boutants de nos vieilles églises, font cette ruelle étroite et assombrie. De pauvres hères loqueteux y passent le jour entier, accroupis sur des bancs de pierre; de modestes fontaines y offrent leurs eaux fraîches à la soif de tout venant; des fidèles nombreux s'y arrêtent avant et après la prière. Nulle part l'étranger qui parcourt Tlemcen, ne saurait trouver un plus complet ressouvenir des temps depuis longtemps révolus.

Naguère, un vieux cep de vigne aux très longs sarments, abritait la ruelle de ses larges pampres, l'égayait de ses grappes jaunissantes vers la fin de l'été. Le cep existe toujours, énorme et noueux; mais la vigne est malade; ses feuilles, plus petites, ne donnent qu'une ombre parcimonieuse, et le soleil les flétrit; la sève ne gonfle plus ses grains. Vainement, on a essayé pour la guérir, du soufre, du sulfate de cuivre, de toutes ces drogues nouvelles qu'apportent les étrangers. A quoi bon? La vigne poussait contre la maison de Dieu, donnait aux pauvres l'abri de ses feuilles et le suc de ses fruits. C'est Dieu qui l'a frappée, c'est Dieu qui la guérira, quand le jour en sera venu.

Si l'on accède à la Grande Mosquée par l'entrée qui fait face au sanctuaire, on pénètre d'abord dans une cour bordée d'arcades que ferment des portes en bois peinturées de rouge et assez grossièrement sculptées. Au centre de cette cour s'élève une colonnette, supportant une coupe d'onyx ébréchée et moussue. Un filet d'eau vive emplit la coupe, puis déborde et retombe dans un bassin réservé aux ablutions. A côté se trouve une grande vasque disposée pour le même usage; puis une auge d'onyx, oblongue et de forme évasée, dont le bord supérieur conserve la trace de sculptures très fines et du plus pur goût arabe, figurant des stalactites.

Jadis, les toitures étaient couvertes de tuiles

vernissées, dont les nuances, éclatantes au soleil, variaient du jaune au bleu par les mille tons du vert. Presque toutes ont disparu, remplacées par des tuiles vulgaires. De même, dans la cour où nos chevaux campèrent au temps de la conquête, des briques pavent le sol, dallé d'onyx autrefois. Néanmoins, l'aspect général semble avoir peu changé. Au fond de la cour, cinq baies, dissemblables par leurs formes et leurs dimensions, s'ouvrent sur la nef, composée de travées parallèles dont les arcs ogivaux retombent sur septante-deux lourds piliers; mais ce vaisseau, long de soixante mètres, large de vingt et relativement très bas, confronte à la cour par son plus grand côté, de telle manière qu'en entrant, on se trouve surpris, désorienté. L'impression d'ampleur qué le sanctuaire devrait produire, faute de mieux, est remplacée par une sensation d'étonnement, presque de malaise. Dans la pénombre, épaisse pour les yeux habitués à l'éclatante lumière extérieure, on ne distingue rien que des piliers courts et trapus, soutenant une chaîne de lourds arceaux. La fraîcheur vous saisit; on se croirait au fond d'une immense citerne voûtée, telle qu'il en existe en Orient. Et pourtant, ces basses colonnades, qui s'allongent à l'ombre des voûtes, ont un charme mystérieux et recueilli, surtout le soir, au moment de la prière, quand les petites lanternes suspendues aux arceaux comme les lampes de nos tabernacles, forment dans chaque travée un alignement d'étoiles vacillantes. Souvent je me suis arrêté au seuil de la Grande Mosquée vers les heures tardives et, dissimulé dans l'ombre, j'ai rêvé aux anciennes grandeurs de Tlemcen. Parfois je fus tenté d'entrer dans le saint lieu, bien que les règlements l'interdissent alors aux étrangers. Mon uniforme de vainqueur m'aurait évité une avanie, mais je reculai toujours par crainte de troubler des fidèles en oraison et de leur donner une pensée mauvaise contre la foi des chrétiens.

Au fond du sanctuaire, à l'orient, du côté de la Mecque, un enfoncement de la muraille surmonté d'une coupolette à jour, forme le mirhab. Cette partie de l'édifice est ornée d'élégantes arabesques, en plâtre ciselé, figurant des fleurs et des rubans d'écriture où courent des versets du Coran. Malheureusement, on aperçoit à l'entour, formant l'ensemble le plus disparate, un affreux mimber[1]

1. Sorte de chaire.

peint en vert, une horloge de campagne à grand balancier, plusieurs petits lustres de pacotille, dont l'un, le plus beau, en simili-bronze doré et perles de cristal, est enveloppé de gazes rouges pour le préserver contre les insultes des mouches. En arrière, au milieu de la travée centrale, se trouve le grand lustre, suspendu au plafond par des chaînes élégamment ouvragées. C'est un cercle horizontal en bois de cèdre garni d'ornements de métal, sur lequel on pose de nombreux lampions. Il fut donné, dit-on, par le roi Yarmoracen, fondateur de la dynastie abd-el-ouadite.

Des nattes d'alfa, aux nuances criardes, couvrent le sol et semblent des tapis.

En bordure de la cour, à l'opposite du sanctuaire, s'élève le minaret surpassant, et de beaucoup, les constructions voisines. Lorsque le muezzin, du haut de la terrasse, annonce l'heure de la prière, sa voix, lente et plaintive, comme un appel de cor, semble planer sur la ville. Maintenant, le minaret, dépourvu de presque toutes ses faïences, paraît lourd et pauvre avec ses murs de briques grisonnants, mais jadis, quand ses mosaïques allumées par le soleil, chatoyaient comme le plumage du lophophore ou du paon, sa masse étincelante, dominant Tlemcen, semblait un pylône radieux.

*

* *

Tout proche de la Grande Mosquée, sur la place d'Alger qui prolonge la place de la Mairie, se trouve la mosquée d'Abou'l-Hacen[1]. Lorsqu'arrivèrent ici les premières troupes françaises, elle servit de magasin à fourrages; ensuite, elle devint une école arabe ; maintenant, on parle d'en faire un musée. Elle est petite et se compose uniquement d'un vaisseau à trois nefs, de cent

1. On serait tenté de croire que la mosquée d'Abou'l-Hacen remonte à la brillante époque mérinide, et que son nom lui vient du sultan marocain Abou'l-Hacen-Ali : mais, d'après une inscription déchiffrée par M. Brosselard, elle fut construite plus tard, à la fin du treizième siècle, en l'honneur de l'émir Abou-Ibrahim-ben-Yahia-Yarmoracen. Quant au nom d'Abou'l-Hacen il fut probablement donné à la mosquée en souvenir du grand jurisconsulte Abou'l-Hacen-Ibn-Yakhlef-el-Tenessi, lequel y professa de célèbres leçons.

mètres carrés environ, adossé à un minaret. Il ne reste aucune trace de la cour et des galeries qui, autrefois, devaient confronter au sanctuaire.

L'extérieur, restauré il y a quelque vingt ans, est orné ou plutôt enlaidi par des moulures vulgaires et des faïences particulièrement malencontreuses. C'est du style arabe de salle de bains.

Par contre, l'intérieur, admirable dans toutes ses proportions, est le chef d'œuvre de l'art maugrebin et peut-être un chef-d'œuvre au sens absolu du mot, avec ses arceaux sveltes retombant sur de légères colonnes d'onyx aux tons verdissants, et ses décorations en plâtre ciselé d'une finesse, d'une variété infinies. « Cette décoration, dit A. Renan[1], est le comble de la richesse et du goût ornemental. Elle réunit en effet les qualités les plus diverses : homogénéité de l'ensemble, variété infinie du détail, netteté et fantaisie, largeur et minutie dans l'exécution. Elle est empreinte d'une sorte d'*atticisme* oriental, d'une beauté atteinte sans efforts et naturellement. Capter la lumière sans grands reliefs, l'emprisonner dans des réti-

1. *Paysages historiques.*

cules d'une ténuité extrême, la forcer de se jouer dans des méandres idéalement fins, donner à des murailles toutes unies un vêtement de dentelles; un encadrement de rubans historiés qui les agrandit et les rend pour ainsi dire immatérielles; entraîner le regard et l'éblouir par la complication, le rassurer par l'ordre et la paix, voilà le problème que d'obscurs ouvriers ont résolu à la fin du treizième siècle de notre ère ».

L'entourage du mirhab, et plus encore peut-être sa voûtelette à stalactites sont de pures merveilles. Au dessus, de petites fenêtres laissent filtrer un jour doux et comme divisé par une dentelle de plâtre. Toutes les arabesques qui couvrent les murs se détachaient jadis sur des fonds polychromes, et étaient rehaussées, elles-mêmes, par des points ou de légers traits de couleurs qui en accentuaient le relief. D'après les traces de peinture encore très visibles en certains endroits, les nuances employées devaient être le rouge, le bleu, le vert, le noir.

Les plafonds des nefs étaient formés de deux plans inclinés suivant les pentes du toit, et d'une partie supérieure horizontale, en pan coupé. Des caissons hexagonaux, entre des nervures et des arêtes de cèdre, composaient la décoration. Ces caissons étaient peints, et leurs couleurs vives, un peu éteintes par la pénombre où la disposition de l'édifice laisse les parties hautes, mais tranchant cependant sur les tons bruns du cèdre, imitaient à la vue quelque étoffe d'Orient.

Pauvre petite mosquée d'Abou'l-Hacen encore si charmante, si délicate, si fine — bijou d'un autre âge, précieux comme une châsse d'or ou un coffret d'ivoire — combien elle mériterait d'être restaurée avec soin, avec amour dans sa somptuosité première[1].

*

* *

De l'ancien Méchouar, jadis citadelle et palais

1. On vient de restaurer la mosquée d'Abou'l-Hacen ; elle sert maintenant de musée. Les mosaïques extérieures ont été enlevées et remplacées par d'autres qui font un meilleur effet. En outre, on a percé sur deux côtés cinq ou six baies larges et hautes. Le style de ces baies est très pur, mais elles sont trop grandes pour l'édifice qu'elles inondent d'une lumière crue, mal répartie. Les petites fenêtres, qui ménageaient au-dessus du mirhab un jour très doux, encore tamisé par de fines découpures de plâtre, semblent maintenant des soupiraux. (Octobre 1902.)

des rois tlemcéniens, il subsiste l'enceinte, dont le tracé bizarre présente un étrange amalgame de courtines et de bastions ; la mosquée transformée en chapelle ; une petite tour assez élégante, surmontant la principale poterne; enfin, une cour étroite et profonde, fermée de toutes parts, qui, suivant la croyance populaire, fut jadis la fosse aux lions de la ménagerie royale.

A l'intérieur des murailles, l'hôpital militaire, une caserne, la manutention, divers bureaux, une esplanade occupent l'emplacement de la demeure souveraine et de ses jardins.

De grands platanes au feuillage épais, bordent les remparts du côté de la ville, et atténuent par leur ombre la blancheur des vieux murs crénelés, soigneusement recrépis. Aux années qui suivirent notre conquête, les allées du Mechouar étaient la promenade habituelle des Tlemcéniens. Maintenant, elles sont un peu abandonnées pour la place de France.

Le palais du Mechouar, commencé par Abou-Hammou-Mouça I (1307-1318), fut terminé par Abou-Tachefin I (1318-1336). « A cette époque, dit Ibn-Khaldoun, les arts étaient très peu avancés à

Tlemcen, parce que le peuple qui avait fait de cette ville le siège de son empire conservait encore la rudesse de la vie nomade; aussi ses princes durent s'adresser à Abou'l-Ouelid, seigneur de l'Andalousie, afin de se procurer des ouvriers et des artisans. Le souverain espagnol, maître d'une nation sédentaire chez laquelle les arts avaient nécessairement fait beaucoup de progrès, leur envoya les architectes les plus habiles de son pays. Tlemcen s'embellit alors de palais, de maisons et de jardins tellement beaux que, depuis, on n'a jamais rien pu y construire de semblable ».

Yahia Ibn-Khaldoun, frère du célèbre historien des Berbères, et le Tenessi nous ont laissé d'assez nombreux détails sur la cour magnifique et polie des rois de Tlemcen. Le palais était riche en merveilles, parmi lesquelles on renommait surtout une horloge d'argent, dont le mécanisme compliqué mettait en jeu des pièces très nombreuses et très variées. Ce chef-d'œuvre assez analogue, semble-t-il, à la fameuse horloge de la cathédrale de Strasbourg, mais fort antérieur, avait été construit par un Tlemcénien[1].

1. Voir les ouvrages de l'abbé Bargès sur Tlemcen.

Malheureusement, Tlemcen fut saccagée en 1384, pendant les guerres de ses rois contre les sultans de Fez. Les Beni-Zeiyan relevèrent vite les ruines de leur capitale, mais avec une splendeur moindre et un art moins raffiné.

Plus tard, sous la domination ottomane, les restes croulants du palais et ses jardins morcelés devinrent — comme j'ai déjà eu l'occasion de le dire — un « quartier fort » habité par les fonctionnaires turcs et les Coulouglis. Lors de notre venue à Tlemcen, l'ancienne enceinte royale n'entourait plus qu'un amas de bâtiments disparates, dont le génie militaire résolut la destruction. Quelques belles mosaïques et d'autres vestiges d'un moindre intérêt, découverts parmi les décombres, ont été conservés et remis au service des Monuments Historiques.

*
* *

Le musée, petit et pauvre, renferme cependant quelques vestiges intéressants. On y remarque des inscriptions romaines ; de belles colonnes d'onyx ; quelques mosaïques de faïence; l'étalon de la coudée royale tlemcénienne, un peu diminuée à dessein pour favoriser diverses transactions commerciales. Naguère, on y voyait aussi une plaque d'onyx portant la longue et triste épitaphe de Boabdil, dernier roi de Grenade.

Après avoir quitté l'Alhambra, par une porte qui, selon son désir, fut murée à jamais, le malheureux prince s'était retiré dans les Alpujarras. De grands biens lui restaient et la vie lui était facile, mais l'abandon des siens, la haine des musulmans andalous, le mépris de tous le contraignirent très vite à quitter l'Espagne. Suivant une légende, le sultan du Maroc, dont il avait imploré un asile, le dépouilla, lui fit crever les yeux, puis l'envoya mendier sur les routes avec un écriteau disant: « Je suis l'infortuné roi d'Andalousie. » Ainsi se trouvait vengée, dès ce monde, l'opprobre que le souverain de Grenade avait, par ses défaites, imposé aux musulmans. La vérité est que Boabdil, parti d'Espagne avec ses trésors, gagna Tlemcen et y mourut en 1494, ayant survécu deux années seulement à la perte de son royaume. Cependant, la mort même ne donna pas à ses cendres, l'éternel repos. Des mains ignorées violèrent son tombeau. La pierre sépulcrale qui portait ses titres, rappelait tristement ses grandeurs perdues[1],

1. Voici, d'après la traduction de M. Brosselard, les parties les plus intéresantes de l'épitaphe de Boabdil :

« Tombeau d'un roi mort dans l'exil, à Tlemcen, étranger, délaissé parmi ses femmes; lui qui avait combattu pour la foi! Le destin inflexible l'avait frappé de son arrêt. Mais Dieu lui donna la résignation, en même temps que le malheur s'abattait sur lui. Que Dieu répande à jamais sur sa sépulture la rosée de son ciel......

« Et il arriva dans la ville de Tlemcen où il trouva toujours un bon accueil et de la sympathie pour ses malheurs. C'est alors que s'accomplit ce qu'avait décidé Celui dont les arrêts sont irrévocables et dont les mortels subissent la loi, suivant qu'il a dit : *Toute âme goûtera la mort*. Et la mort le surprit sur la terre étrangère, loin de sa patrie, loin du pays de ses aïeux, les grands rois de la race d'El-Ansar, les soutiens de la religion de l'Élu, du Préféré. Et Dieu l'a élevé dans les régions de la félicité, et l'a revêtu de sa grâce, entre les deux prières du soir, le mercredi de la nouvelle lune de châban, de l'an huit cent quatre-vingt-dix-neuf, (*de l'hégire*) et il avait quarante ans d'âge......

« O mon Dieu ! puissent t'agréer les combats que j'ai combattus pour la foi !

« Car ce que je crains, c'est qu'ils ne me fassent pas trouver grâce devant toi......

« Néanmoins, laisse-moi espérer ton pardon et me confier dans ta bonté.

« Par les mérites de Mahomet, ne fruste pas mon espoir ! »

fut placée au seuil d'une demeure et, pendant des siècles, foulée aux pieds par tout venant. M. Brosselard retrouva l'épitaphe de Boabdil, il y a cinquante ans, dans une maison détruite pour le percement d'une rue. Les gonds de la porte avaient creusé l'onyx et certains caractères étaient usés par la fréquence du passage. Tout le monde ignorait l'origine de cette dalle; on savait seulement que de temps immémorial elle était là. Le hasard seul avait-il amené une telle profanation, si contraire aux usages musulmans ? Je ne puis le dire. Certains veulent y voir une dernière vengeance, une suprême représaille de croyants fanatiques contre le malheureux prince grenadin. D'ailleurs la fatalité s'acharne contre le tombeau de Boabdil; car, suivant l'expression de Juvénal, les sépulcres eux-mêmes ont une destinée. Depuis quelques années, la plaque funéraire a mystérieusement disparu du musée. Ni M. Mary, le zélé maire de Tlemcen, ni M. Marçais, le savant directeur de la Medersa[1], n'ont pu, malgré tous leurs efforts, retrouver la

1. Medersa : école supérieure arabe.

précieuse épitaphe, ou même découvrir l'époque et les circonstances de sa disparition.

Les descendants de Boabdil, restés à Tlemcen après sa mort, tombèrent dans l'oubli et leur trace, comme celles des Beni-Zeiyan, est à jamais perdue. Il me faut donc nier la poétique légende suivant laquelle les petits-fils des princes grenadins refugiés au Mag'reb, conserveraient encore les clefs de l'Alhambra.

* * *

Le vieux bain situé entre la rue de Mascara et la rue Khaldoun, passe pour l'un des plus antiques monuments de Tlemcen. Ses murailles extérieures, encastrées dans des bâtiments modernes, ont perdu tout caractère, mais les dispositions intérieures restent intéressantes et la salle de repos paraît intacte. C'est une grande pièce rectangulaire éclairée par une coupole. Au centre, des colonnes disposées en carré ménagent une sorte d'atrium.

Sur les bas-côtés, des galeries de largeurs inégales servent aux baigneurs pour se devêtir, puis s'étendre après s'être lavés dans l'étuve. Quelques agencements originaux des voussures de la coupole arrêtent l'attention, et l'on serait tenté de croire que les lourds chapiteaux composites surmontant les colonnes, proviennent d'un temple ou d'une église de la romaine Pomaria.

Les Tlemcéniens appellent ces thermes le Bain des Teinturiers ou, parfois, le Bain du Sultan. Voici, d'après une légende, l'origine de ce dernier nom.

Jadis le roi du Mag'reb avait une fille qu'il aimait tendrement. Nul homme ne l'avait vue depuis son enfance; pourtant, l'Islam entier réputait ses charmes et les plus puissants monarques convoitaient sa main. Mais, tout à coup, la princesse fut atteinte d'un mal bizarre : tandis que son visage restait admirable, la peau de son corps devint squameuse et papelonnée comme celle des serpents. N'osant plus se baigner devant ses compagnes, par crainte de leurs railleries, elle fit à son père l'aveu de sa beauté perdue. Alors, le sultan construisit pour elle seule, près d'une source pure, un bain magnifique, puis pria un saint marabout d'en rendre les eaux salutaires par le pouvoir suprême de sa bénédiction. Le thaumaturge combla les vœux du roi, et le corps de la princesse apparut au sortir de l'onde miraculeuse plus pur que le pétale du lis ou de la rose qui s'ouvre au premier soleil du matin.

La source conserve, dit-on, ses vertus bienfaisantes, et l'on prétend que les Arabes atteints de maladies cutanées en éprouvent encore les effets. Nul Européen, je crois, n'a tenté l'aventure. D'ailleurs, le bain est maintenant si sale qu'à le fréquenter, on aurait plutôt crainte d'attraper des maladies nouvelles qu'espoir de trouver la guérison.

*
* *

J'ai déjà dit la beauté des environs de Tlemcen. Jamais leur charme n'est plus grand qu'au temps court séparant l'hiver de l'été. Les sources, gonflées par les pluies, et les neiges fondues sur les montagnes, ruissellent de toutes parts.

Les brises vespérales, qui soufflent de la mer par dessus les collines, halènent la campagne et mélangent ses parfums. La nature entière frémit sous les rayons du soleil qui brille, réchauffe, excite, mais ne dessèche pas encore; elle se hâte et la sève montante déroule les bourgeons. D'abord les cerisiers donnent leurs premières feuilles et se couvrent de fleurs si nombreuses qu'on dirait les flocons d'une neige tardive, tombée pendant la nuit et prête à fondre au matin. Les vieux oliviers aux troncs déjetés, vermoulus, réduits souvent même à la seule écorce, semblent tout à coup rajeunis et poussent de vigoureux scions. A leurs pieds, des iris, des pervenches, des adonides, des renoncules, diaprent les gazons. Les céréales en herbe tapissent les champs de vert tendre, et les anémones sauvages colorent les jachères en violet. De petites roses, toutes blanches ou fouettées de carmin vers l'extrémité des pétales, s'épanouissent, innombrables, parmi les haies et les buissons. Dans les prés, au bord des chemins, dans les creux des rochers, parmi les broussailles, sur les rives bocagères de la Safsaf, sous les chênes-liège décharnés de la forêt de Zariffette, ce sont d'immenses floraisons. La variété des nuances est infinie : parfois les panaches blancs ou roses des arbres à fruits, les bourgeons des térébinthes, roux comme la feuille mourante du hêtre ou de l'érable, les frondaisons claires des osiers s'unissent dans un même bosquet, pour charmer l'œil du spectateur par les aspects divers du printemps et de l'automne. Près des mille fleurs sauvages de nos campagnes, rendues plus fortes, plus grandes, plus colorées, plus belles par le soleil africain, éclosent une multitude d'orchidées. Certaines, droites,un peu raides, s'épanouissent en épis ; d'autres, très petites, portent une étrange corolle, semblant quelque grosse mouche ailée de jaune, dont le corps en velours sombre miroiterait de reflets bruns et violets.

Un peu plus tard les grenadiers se pavoisent de rouge, les cactus de jaune, les cistes sauvages de blanc; puis le sirocco brûlant déflore tout, et seuls les lauriers-roses renouvellent sans cesse leurs jolis bouquets.

Dans cette riante campagne abondent les souvenirs du passé. Non seulement on y trouve les deux très belles mosquées de Sidi el-Haloui et de Sidi Bou-Medin, les prodigieux vestiges de Mansoura, le haut minaret d'Agadir, mais encore un nombre infini de ruines de toutes sortes : mosquées et marabouts écroulés ; vieilles tours, poternes, pans de remparts, se dressant çà et là comme d'étranges chicots; anciennes maisons de plaisance transformées en pauvres demeures; aqueducs et bassins aux parois fissurées. Chaque jour, à chaque pas, on découvre un nouveau vestige attestant la puissante richesse des anciens maîtres du pays.

Près d'Athènes, près de Rome, il en est ainsi. Mais là, on marche à travers l'histoire et l'on retrouve vivante la poussière des morts; chaque chose est connue, décrite, classée, cataloguée; chaque pierre vieillie a son nom, ses commentateurs, son gardien. C'est un cimetière dont les tombeaux croulants, les sépulcres violés ont gardé leurs épitaphes entières. Près de Tlemcen, au contraire, comme dans la campagne fiévreuse et désertée de Ravenne, comme dans les quartiers lointains de la vieille Stamboul, à la mélancolie des ruines s'ajoute celle de l'oubli. Seuls, les savants peuvent dire de quels grands naufrages ces épaves sont provenues. Étrange et triste sort des empires, dont le destin agite perpétuellement les souvenirs comme les numéros d'une loterie. Le hasard seul fait les gloires durables dans la mémoire des hommes, et l'histoire universelle n'est qu'un immense tableau enregistrant les passes d'un prodigieux baccara.

*
* *

Hors des remparts, dans un misérable faubourg profondément raviné par les eaux qui descendent vers la Safsaf, entraînant tous les résidus de la ville, se trouve la mosquée de Sidi el-Haloui. Pour y parvenir, il faut suivre un chemin raboteux, passer entre des grottes où s'entassent de misérables familles, respirer aux bouches des égouts certaines senteurs cloacales, subir les assauts de gamins demi-nus, aux yeux chassieux et à l'apparence cachectique, qui implorent l'aumône avec la plus harcelante ténacité. Mais cette mosquée si malencontreusement située est complète et charmante. Malgré l'ignominie de ses abords, elle apparaît, sinon dans son cadre primitif, du moins dans un cadre ancien, depuis longtemps inchangé. Nulle maison moderne, nulle boutique ne l'offusquent de leur voisinage. Aucun Européen ne se montre à son entour. Les maisons environnantes voilent leur décrépitude sous des pampres, abritent leur misère à l'ombre épaisse des térébinthes et des figuiers. On aperçoit seulement des Arabes paresseux qui rêvent accroupis sur des nattes; des femmes qui viennent puiser de l'eau à la fontaine voisine; des chiens pelés qui dorment au soleil.

Dès l'abord, l'extérieur de la mosquée charme par son aspect élégant, l'harmonie et l'équilibre de ses proportions restreintes. Un magnifique portail, haut mais très peu saillant et comme plaqué contre la muraille, marque le seuil. Il est décoré de faïences polychromes, figurant sur le linteau, parmi les plus gracieuses arabesques, l'inscription musulmane : « Louange à Dieu unique. » Au sommet, des consoles de bois finement sculptées, supportent la saillie d'un auvent.

La cour intérieure et les cloîtres ambiants offrent au visiteur une heureuse apparence de calme recueilli; mais, par un défaut commun à toutes les mosquées maugrebines, le sanctuaire beaucoup plus profond que les cloîtres, n'est pas plus élevé, de telle manière qu'il semble comme surbaissé. Les courts fûts d'onyx et les chapiteaux épais qui supportent les arceaux à leur retombée, accentuent encore cette mauvaise impression.

Sur les murs apparaissent çà et là des ornements de plâtre découpé, qui ne manquent ni de finesse, ni de séduisante fantaisie. Ce sont de charmants spécimens d'art décoratif, mais on ne saurait les égaler aux merveilleux revêtements de la mosquée d'Abou'l-Hacen, véritables œuvres d'art, au sens le plus élevé du mot.

Des réparations viennent de rendre leur élégance première aux vieux plafonds de cèdre, dont les nervures recroisées et les caissons figurent d'habiles décorations polygonales d'un style arabe très riche et très pur. Le plus remarquable de ces plafonds abrite un lanterneau élevé qui précède le mirhab et laisse tomber sur le fond du sanctuaire une clarté adoucie.

A noter aussi, en passant, les chapiteaux, bien abîmés mais toujours ravissants, des colonnettes qui supportent la conque du mirhab. Ils sont d'une légèreté et d'une finesse d'exécution merveilleuses.

Le minaret, placé à droite du portail, était décoré jadis de nombreux carreaux de faïence. La plupart ont disparu. On distingue encore cependant deux très belles rosaces qui faisaient partie d'un bandeau garnissant le sommet de la tour.

Au dessus de la mosquée, sur un versant de la pente raide couronnée par les remparts de Tlemcen, apparaît le tombeau modeste de Sidi el-Haloui, grand saint dans le paradis de Mahomet. Son nom véritable et complet était Sidi Abou-Abd-Allah-ech-Choudi[1]. D'abord il fut cadi à Séville, lieu de sa naissance. Alors tout semblait lui sourire; il était honoré comme un homme savant et juste, avait une belle demeure, était aimé. Mais un jour, las de bonheur, il changea ses habits contre des haillons, prit un bâton de pèlerin, passa la mer et s'en vint à Tlemcen, sous les apparences

1. Colonel C. Trumelet, *L'Algérie légendaire.*

d'un mendiant. Simulant la démence, il se promenait par la ville et laissait les gamins moqueurs s'assembler autour de lui, puis le huer en criant : « Ha hou ! Ha hou ! » Ensuite arrivaient des hommes attirés par le bruit. Quand une grande foule était rassemblée, le fou changeait d'allures et disait sur la religion et la morale des choses si sages que tous en étaient confondus. Plus tard, il se mit à vendre sur les places publiques et dans les carrefours des sucreries nommées « halouat », d'où vint son surnom d'El-Haloui.

Peu à peu, la réputation de l'humble marchand de bonbons fut grande dans Tlemcen ; le peuple le salua comme un saint et Dieu lui accorda le don des miracles. Bientôt même le roi l'appela dans son palais et lui confia l'éducation de ses deux fils. Mais le grand vizir, jaloux de l'influence d'El-Haloui, le perdit dans l'esprit du souverain. Malgré les larmes du peuple qui lui restait fidèle, le saint, accusé de sorcellerie, fut décapité, et son cadavre demeura sans sépulture près des remparts de la cité. Cependant, le soir même du supplice, quand le gardien, prêt à clore la poterne voisine, cria selon l'usage : « Rentrez dans la ville, citadins attardés » ; une voix lamentable s'éleva dans le silence et répondit : « Ferme la porte et va dormir, gardien, il ne reste plus hors des murs que le malheureux El-Haloui. » L'homme se crut abusé par quelque illusion, mais le lendemain et pendant cinq jours encore, la même voix éplorée clama sa plainte au même moment. Le peuple, informé du miracle, se prit alors à murmurer, disant : « Celui que le roi a condamné était un juste. Malheur sur ceux qui l'ont calomnié. » Et les murmures montèrent si haut qu'ils arrivèrent jusqu'au souverain. Sortant de sa demeure par une porte furtive, au soir venu, le prince gagna les remparts et lui aussi perçut la plainte d'El-Haloui. Il fit alors ensevelir solennellement le cadavre du saint au point même où il était resté gisant. Quant au vizir indigne, il fut emmuré tout vif dans les remparts de la ville, en face du tombeau de celui qu'il avait calomnié.

*
* *

A l'encontre de la mosquée de Sidi el-Haloui, perdue dans un bas faubourg, celle de Sidi Bou-

Medin s'élève à l'est de Tlemcen, plus haut que la cité, vers le sommet d'une côte fertile qui raccorde à la plaine les pentes escarpées du Djeurf-Sakrtin. Pour s'y rendre, on traverse d'abord un grand espace tout parsemé de tombes, parmi les ifs, les aloës et les caroubiers. C'est le Campo Santo vague, où les Tlemcéniens vont dormir çà et là depuis des temps très reculés. Une porte de pierre nouvellement construite voudrait en indiquer le seuil, mais ses pilastres, d'un style grec et funéraire, n'encadrent aucune grille, n'adhèrent à aucune clôture. Les cimetières musulmans n'ont ni enceinte, ni solennité; on éprouve seulement à leur vue une mélancolie douce, faite de regrets, de rêves et d'oublis.

Près d'une tombe fraîche, quelques femmes très voilées se tiennent accroupies. L'une d'elles, veuve ou orpheline depuis peu, est venue entourée de parentes et de voisines. D'abord, elle a pleuré, gémi, crié, tenté de se déchirer le visage à coups d'ongles, tandis que ses compagnes la consolaient et lui tenaient les bras. — Tel est l'usage, et s'y soustraire semblerait aussi insolite ici, que chez nous de porter le deuil en rose. Ensuite, la pleureuse s'est calmée, et tout s'achève par d'interminables bavardages. Dans la vie monotone des femmes arabes, une visite au cimetière est toujours une demi-distraction.

Plus loin, des hommes se promènent, en devisant; des enfants jouent; des troupeaux pâturent. Ailleurs, un corps enveloppé de nattes vient d'être enseveli; les assistants, formés en cercle autour de la fosse, chantent une invocation, monotone mais sans tristesse, dont leurs têtes balancées marquent le rythme. L'un deux, chef du chœur, entonne chaque reprise, frappe dans ses mains, élève la voix, encourage et stimule les chanteurs du geste et du regard.

Le sol funéraire n'est point divisé en concessions d'une exacte mesure comme dans les cimetières de nos villes. La plupart des tombeaux se composent de quelques pierres seulement. Plusieurs sont creusés, au chevet, d'un léger enfoncement, où l'eau de la pluie se rassemble et se conserve pour rafraîchir le front des morts; mais on ne voit pas de gardiens pour entretenir les sépultures, pas de jardiniers pour en fleurir les abords. Très doucement, la nature abolit les tombes, à mesure que les parents ou les amis de ceux qu'elles abritent cessent de les visiter. L'oubli même s'étend peu à peu sur les sépulcres des rois, des conquérants, des grands de ce monde; et seuls échappent à la ruine commune les tombeaux des saints, des savants, des bienfaiteurs, dont le souvenir demeure éternellement vénéré.

Au-delà du cimetière, le chemin s'élève et passe entre les ruines de plusieurs petits oratoires, qui jalonnaient la route du vénérable sanctuaire. Puis, la pente devient plus raide, le chemin, bordé d'un clair ruisseau, serpente parmi les oliviers et les arbres à fruits. Enfin, on atteint El-Eubbad, vieux et pittoresque village dont les maisons se groupent à l'entour de la mosquée de Sidi Bou-Medin.

Né à Séville en 1126, Bou-Medin fut un ascète et un mystique dont l'âme, ravie en extase, s'élevait continuellement vers le ciel. Il parcourut les terres musulmanes, faisant des miracles et prêchant aux hommes l'inanité des biens du monde, le mépris de notre courte vie terrestre, le respect du Coran et l'amour de Dieu. Tandis qu'il se trouvait à Bougie, des envieux le dénoncèrent au sultan almohâde Yakoub-el-Mansour, son souverain.

Mandé à Tlemcen par ce prince, il partit; mais ses jours étaient comptés. A quelques lieues de la ville, il se sentit mourir; alors il contempla une dernière fois ce monde qu'il avait tant méprisé et, près de le quitter, le trouva beau sans doute, car, apercevant au loin les pentes boisées d'El-Eubbad, il en vanta le charme et les élut pour site de son tombeau. Le vœu de Bou-Medin fut exaucé. On l'ensevelit à El-Eubbad, déjà sanctifié par les reliques de plusieurs grands marabouts. Sa tombe devint un lieu de pèlerinage et la religion des princes et des peuples la décora magnifiquement.

Les pieux monuments de Bou-Medin comprennent le tombeau du saint, une mosquée et une medersa. Plus bas, à leur ombre, se trouvent les ruines d'une demeure, petite mais jadis très ornée, qui appartint, dit-on, aux souverains du Mag'reb.

Après avoir monté la principale rue du village, on entre dans une allée close qui passe sous la maison du mokaddem [1]. Jadis, ce devait être un simple chemin. A droite se trouve la mosquée en contre-haut; à gauche, le tombeau du saint en

1. Desservant de la mosquée.

contrebas. On descend vers le tombeau par un escalier d'une dizaine de marches, rampant et tortueux, qui mène à une courette, bordée de galeries étroites dont quelques colonnes grêles soutiennent les arceaux. Dans un angle se trouve un puits très vénéré des fidèles. La margelle d'onyx, amincie, usée, porte des stries profondes, traces des chaînes et des cordes dont les pèlerins se servent depuis des siècles pour puiser l'eau miraculeuse. L'onyx a pris des tons d'une blancheur neigeuse; on dirait, à la voir ainsi dentelée, une margelle de glace demi-fondue aux rayons du soleil, puis reprise par un gel subit.

Le tombeau proprement dit, très réparé sinon entièrement refait, il y a une centaine d'années, à la suite d'un incendie, forme un des côtés de la courette. C'est une pièce à coupole, mal éclairée par des vitraux de couleurs criardes. Le bas des murailles est garni de faïences communes ; plus haut, courent des arabesques de plâtre, exécutées sans art et grossièrement peinturlurées. Deux châsses occupent le fond de la pièce : celle de Bou-Medin et celle d'un autre personnage, également vénérable, mais de réputation moins éclatante. Ainsi l'exigent les coutumes du pays. Dans les hypogées maugrebines, tout grand marabout doit partager ses honneurs funéraires avec un compagnon de sépulcre. Devant les châsses s'élève une cloison, sorte d'iconostase, ornée de grands étendards en faisceaux.

La décoration générale est laide; les châsses sont couvertes d'oripeaux, les tapis paraissent sans valeur. En outre, tout une série d'ex-voto, offrandes de fidèles manquant de sens artistique, viennent donner au tombeau l'air d'une friperie orientale. Ce sont : une horloge normande dans sa haute boîte peinte ; des lustres dont les pendeloques de cristal s'effilochent ; des lanternes carrées garnies de verres multicolores ; une suspension de salle à manger et sa lampe à pétrole ; des glaces communes serties de cadres dorés ; d'affreuses images rapportées de la Mecque ; enfin beaucoup d'œufs d'autruche accrochés çà et là.

De l'autre côté de l'allée médiane, devant la mosquée s'élève un haut portail décoré de faïences comme celui de Sidi el-Haloui, mais plus magnifique encore et d'une plus riche fantaisie. Il précède un large perron couvert, abrité par une coupole. Des revêtements de plâtre, ciselés avec un art infini, garnissent les voussures d'innombrable stalactites, et, plus bas, forment des panneaux d'arabesques sur les murailles qui soutiennent la coupole. Une grande porte en cèdre, toute bardée d'ornements de cuivre losangés, marque le seuil même du temple. Les vantaux de cette porte furent, dit-on, ouvragés en Espagne et offerts par un riche infidèle prisonnier des pirates barbaresques, comme prix de sa rançon. Le vaisseau qui les portait fit naufrage; mais la mer ne voulut point engloutir ces merveilles et le flot les apporta doucement jusqu'au rivage.

A l'intérieur, la mosquée de Sidi Bou-Medin ressemble beaucoup à celle de Sidi el-Haloui. Les jours de fête, de nombreux pèlerins viennent à Bou-Medin; leur présence anime le sanctuaire, lui donne toute sa couleur, tout son cachet. Les uns, prosternés, recueillis, émus, prient devant le mirhab; d'autres devisent, pensent, dorment sous les voûtes allongées des portiques; d'autres encore font leurs ablutions. Pour les musulmans, la mosquée n'est pas l'église sanctifiée par la présence de Dieu, mais un lieu d'oraison, de rêverie, et de repos.

La medersa de Bou-Medin, jadis très illustre, est maintenant délaissée ; nul étudiant ne hante les cellules qui bordent sa cour, semblables aux alvéoles d'une ruche d'abeilles. La grande salle, dont le plafond arrondi en coupole garde intacts ses caissons et ses entrelacs, est devenue l'école du village. A la place des nombreux tolba, empressés jadis à suivre les cours des docteurs et à écouter leurs savantes controverses, on ne voit qu'une douzaine d'enfants accroupis sur des nattes. Chacun d'eux tient une planchette marquée de caractères qu'il lit et relit indéfiniment en chantonnant, tandis que le haut de son corps marque la mesure par des balancements répétés. Tous paraissent fort pauvres, sont mal vêtus, mal mouchés et pas lavés du tout. Le maître, au contraire, garde belle allure. C'est un grand vieillard enveloppé d'un burnous très blanc et très fin. Il accueille les visiteurs avec une politesse simple et sans apprêts, bien rare chez les indigènes, qui ne savent d'ordinaire être qu'humbles ou arrogants. Les traits de son visage amaigri sont nobles, ses mains effilées semblent faites pour écrire avec soin de pieuses sentences ou de savantes pensées : tels on se représente les illustres docteurs arabes de Séville et de Cordoue.

Quant à l'ancienne maison de plaisance royale, c'était une demeure petite, mais ornée avec beaucoup de recherches si l'on en juge par les restes encore visibles de mosaïques et de plâtres découpés. Elle comprend deux cours. La première, réservée jadis, semble-t-il, aux gens de service, est complètement fermée; la seconde, au contraire, qui formait l'habitation même du prince, s'ouvre sur la campagne par une sorte de grand balcon en saillie. Tous les bâtiments n'ont qu'un rez-de-chaussée, mais des voûtes légères, formant faux plafonds, ménagent des entresols, ou plus exactement des soupentes, dans la partie supérieure des pièces secondaires. On voit encore les restes d'un bain minuscule, et divers détails, indices d'une vie très primitive à certains points de vue.

En somme, cette villa, jolie, fort ornée, bordée de frais jardins, située à ravir en face d'un magnifique horizon, n'était nullement le palais d'un prince des *Mille et une nuits* ni même d'un prince ayant une existence fastueuse et un grand état de maison. Pour peu que le souverain tlemcénien y vint avec plusieurs femmes et quelques serviteurs, il devait se trouver fort à l'étroit.

*
* *

A trois kilomètres de Tlemcen, sur la pente douce qui borde les escarpements du plateau de Lalla-Setti, se dressent, étranges, imposantes, énigmatiques, les ruines de Mansoura. En voici l'origine[1].

Sous le règne du second roi abd-el-ouadite, Abou-Saïd-Othman, fils de Yarmoracen, le sultan mérinide, Abou-Yacoub, qui régnait au Maroc, fit plusieurs vaines tentatives pour s'emparer de Tlemcen. Enfin, en 1299, il investit la ville avec une armée très nombreuse et l'entoura d'une ligne de circonvallation si forte que, suivant l'expression arabe, « un esprit même aurait eu de la peine à passer ». Ensuite, comme signe de sa puissance et marque de son inébranlable résolution, le souverain étranger fit de son camp une cité magnifi-

1. Ibn-Khaldoun, *Histoire des Berbères*.

que. De hauts murs flanqués de tours remplacèrent les levées de terre protectrices; les avenues castrales devinrent des rues ; les lieux de rassemblement des places; on bâtit des maisons pour abriter les officiers et les soldats ; le roi eut un palais et, pour achever son œuvre, fit ériger une mosquée immense où il allait prier le vendredi. Le nom même de la cité nouvelle était un symbole de magnificence et d'orgueil. Elle s'appelait El-Mansoura — la triomphante — et tout en elle justifiait ce nom altier.

Chaque jour, Abou-Yacoub dirigeait contre Tlemcen une nouvelle attaque : ses catapultes lançaient des boulets de pierre énormes contre les remparts [1]. Le siège durait depuis cinq ans déjà, quand mourut le roi tlemcénien Abou-Saïd-Othman. Il laissait deux fils : Abou-Zeiyan-Mohammed et Abou-Hammou-Mouça. Abou-Zeiyan-Mohammed qui était l'aîné, fut proclamé roi et continua la défense. Trois années et trois mois passèrent encore; le siège durait toujours et la misère des

1. On retrouve encore, autour de Tlemcen, beaucoup de ces projectiles.

Tlemcéniens devenait infinie. Les vivres coûtaient des prix énormes, et les plus riches habitants eux-mêmes pouvaient à peine s'en procurer [1]. Les pauvres se nourrissaient de cadavres. On arrachait les chevrons des toitures pour faire du feu.

Avec la pitoyable situation de la ville assiégée contrastait la richesse croissante de Mansoura. Tout le grand commerce d'échanges, qui faisait naguère la prospérité de Tlemcen, s'y était transporté. Des marchandises, provenues des plus lointains pays, comblaient les entrepôts de la cité nouvelle, et les rois étrangers envoyaient des ambassadeurs au sultan marocain, pour demander son alliance et lui offrir des présents.

Cependant les Tlemcéniens avaient résolu de tenter une dernière sortie lorsque tous les vivres

1. Voici, d'après Ibn-Khaldoun, le prix des diverses denrées : Douze livres et demie de blé valaient deux dinars et demi d'or monnayé (25 francs).

Un bœuf, 60 dinars (600 fr.).

Un rat ou un serpent, 10 dirhems (5 fr.).

Un œuf, 6 dirhems (3 fr.).

Une figue ou une poire, 2 dirhems (1 fr.).

Léon l'Africain raconte que le roi, lui-même, en était réduit à manger de la « chair de cheval, cuite avec de l'orge et feuilles d'oranger ».

seraient épuisés, puis de mourir les armes à la main, si la fortune leur restait contraire. Comme le terme semblait proche, le roi Abou-Zeiyan et son frère Abou-Hammou appelèrent Ibn-Haddjaf, gardien des greniers et des silos, et lui demandèrent combien de temps il pourrait encore nourrir la ville. « Trois jours », répondit Ibn-Haddjaf. Malgré leur résolution et leur courage, les deux princes parurent attérés. Ils étaient l'un devant l'autre, sans regard et sans voix, quand une femme entra. C'était Dâd, première servante de la reine-mère. « Seigneurs, dit-elle, je viens, aux noms des princesses et des femmes de votre maison, implorer une grâce suprême. La ville va succomber. Épargnez-nous la tristesse de survivre à votre défaite et la honte de tomber aux mains de vos ennemis. Que la mort reçue par vos ordres soit pour nous la faveur dernière de votre pouvoir finissant ! » Abou-Hammou approuva les paroles de Dâd, mais le sultan dit : « Frère, il faut encore attendre et encore espérer. Dans trois jours, si Dieu n'est pas venu à notre aide, épargne-moi la peine de donner un ordre de mort, épargne aux vrais croyants l'émoi de tuer des femmes de leur religion; appelle des juifs et des chrétiens pour accomplir la sombre besogne. Quand tout sera fini, viens me rejoindre; nous sortirons à la tête de nos soldats et nous mourrons en braves, si Dieu le veut! » Cependant Abou-Hammou se mit en colère et s'éloigna, disant : « Ton indécision fera leur déshonneur comme le nôtre. » Le roi fondit en larmes, puis s'assoupit. Il allait s'endormir, lorsqu'on apporta un message de l'ennemi.

Le sultan Abou-Yacoub venait d'être assassiné et Mansoura était pleine de tumulte : les frères, les fils, les petits-fils du feu roi convoitaient son héritage, prêts à le disputer les armes à la main. L'un de ses petits-fils, Abou-Thabet, dont la mère appartenait au sang des Beni-Ourtadjen, avait obtenu l'appui de cette tribu. Voyant ses chances grandir, il demandait au souverain de Tlemcen de lui fournir un « équipage royal » et de lui réserver un refuge derrière les murailles de la ville, en cas d'échec. De son côté, il promettait, si le sort lui était favorable, de lever le siège et d'abandonner tous les territoires que son aïeul avait conquis. Abou-Zeiyan accepta cette offre, et, quelques jours après, Abou-Thabet, victorieux de ses compétiteurs, se mit en retraite vers l'ouest avec son armée. En partant, le prince mérinide avait obtenu l'assurance que Mansoura serait respectée. Mais la paix fut courte et bientôt les Tlemcéniens démantelèrent la ville afin que leurs ennemis ne pussent s'y établir de nouveau. En 1336, après un siège moins long mais aussi fertile en épisodes que le précédent, le roi mérinide Abou'l-Hacen-Ali, troisième successeur d'Abou-Thabet, s'empara de Tlemcen. Les Mérinides relevèrent les ruines de Mansoura, l'embellirent, construisirent un nouveau palais, et élevèrent pour la grande mosquée un minaret splendide dont la hauteur surpassait de beaucoup celle de tous les minarets tlemcéniens. Du faîte, la vue s'étendait sur une plaine immense et, par les jours clairs, on apercevait dinstinctement la mer, entre deux collines, au lointain horizon.

Mais en 1359, le prince zeiyanite Abou-Hammou-Mouça II, aidé par le sultan de Tunis, conquit Tlemcen et remonta sur le trône de Yarmoracen, son bisaïeul. C'en était fait de Mansoura; la ville abandonnée tomba en ruines, et, pendant des siècles, les Tlemcéniens y vinrent chercher des matériaux.

Malgré des brèches énormes et nombreuses, l'enceinte de Mansoura conserve très nettement son ancien aspect. Elle se composait d'un rempart crénelé, renforcé, tous les trente ou trente-cinq mètres, par des tours carrées. Les murailles, construites en pisé mélangé de cailloux, sont devenues avec le temps dures comme du béton. Quand elles se désagrègent et tombent, c'est par blocs énormes, absolument cohérents. Suivant l'usage du pays, les trous laissés dans le pisé par les poutrelles des échafaudages n'ont pas été bouchés; ils forment sur les murailles des lignes d'ouvertures régulières où viennent nicher les hirondelles et les passereaux.

Les tours, sans portes, sans fenêtres, sans voûtes marquant les étages, sans plateformes supérieures, ne devaient être que des « resserres » couvertes, en contre-bas des crêtes, par des planchers sur lesquels se tenaient les défenseurs.

A l'intérieur de l'enceinte, on voit maintenant un joli village, des jardins, des vergers, des vignes qui produisent un vin renommé.

De la ville ancienne, il reste un pont sur un ravin; des canaux, des aqueducs[1] qui alimentent toujours certains réservoirs; quelques vestiges marquant, dit-on, l'emplacement du palais; enfin, les ruines, encore imposantes et superbes, de la grande mosquée. Comme tout le reste, le saint édifice a subi de nombreuses injures; néanmoins, son caractère sacré l'a quelque peu garanti contre les hommes, et sa solidité, contre le temps. Il ne subsiste que les murs extérieurs du sanctuaire, formant un rectangle long de cent mètres et large de soixante; mais le minaret dresse toujours sa haute silhouette, si étrange à contempler. En effet, derrière la façade presque intacte, une moitié de la tour s'est écroulée. Il semble que deux immenses lézardes verticales, traversant les côtés par le milieu, se soient ouvertes tout à coup, depuis le sommet jusqu'à la base. D'où vient cet accident singulier? Certains l'attribuent à la colère de Dieu, explication simple et facile; d'autres, à un tremblement de terre; d'autres enfin, gens du populaire, prétendent qu'une moitié de la tour —

1. On dit que ces aqueducs, comme les parois des anciens bassins, sont faits d'un pisé spécial, dans la composition duquel entre une forte proportion de cendres.

celle qui a résisté — était l'œuvre de bons musulmans, tandis que l'autre avait été construite par des infidèles. On raconte aussi qu'un architecte juif employé aux travaux de la mosquée fut emprisonné dans le minaret. Pour fuir, il se fit des ailes, et, nouvel Icare, s'envola par un jour de grand sirocco, mais un accident survint à sa machine aérienne et il chut lamentablement au point nommé encore : le Col du Juif.

A l'encontre des autres minarets du pays, construits en briques, celui de Mansoura est bâti en petits moellons taillés. Placé à l'opposite et juste en face de l'ancien mirhab, il surmontait l'entrée principale de la mosquée, comme certains clochers dominent les portails de nos églises. L'arcade en fer à cheval qui en marque le seuil, a été réparée. Elle semble étroite et basse. Son cintre, retombant sur des colonnes d'onyx, s'encadre dans un panneau de pierre rectangulaire tout couvert d'arabesques, entre lesquelles des plaques de faïences se trouvaient jadis enserrées et comme serties.

Avec beaucoup de variété et la plus ingénieuse fantaisie, ce même genre de décoration, basée sur l'association intime de la pierre et de la faïence, se retrouvait dans le monument tout entier. Tantòt les faïences formaient un champ resplendissant sur lequel se détachaient en relief des arabesques de pierre, comme une guipure de Venise, sur un transparent de satin; tantôt, elles brillaient isolées, enchâssées dans la pierre comme des gemmes dans un métal précieux; tantôt, enfin, elles figuraient d'étroits cordons dessinant une bordure ou accentuant une ligne architecturale. Nulle part, semble-t-il, elles ne composaient à elles seules des mosaïques multicolores, telles qu'on en voit sur d'autres monuments tlemcéniens. D'ailleurs, tout en étant du même style général que les minarets de Tlemcen, celui de Mansoura en diffère sensiblement et représente par la conception générale, le choix des matériaux, la décoration, le soin et le fini de tous les détails, un art plus complet, plus pur, plus robuste malgré ses nombreux ornements, plus sobre malgré son éclatante richesse.

*
* *

En revenant vers Tlemcen par la route de Sebdou, on rencontre près de la ville un petit marabout carré, tout blanc. C'est le tombeau de Sidi Bou-Djemâa.

Pendant sa vie, au quatorzième siècle, Sidi Bou-Djemâa fut d'abord chevrier. Un jour, dans la campagne solitaire, des voix parlèrent autour de lui, disant : « Quitte ton pays et tes chèvres, marche devant toi. » Après avoir beaucoup marché, il atteignit enfin Tlemcen et s'arrêta très las devant la porte d'El-Guechout. Une pierre se trouvait au bord du chemin, il s'y assit, et n'en bougea plus pendant de longues années. Les passants lui faisaient l'aumône et tous les Tlemcéniens venaient demander ses conseils, car on le réputait pour un homme très sage et très saint. Quand il mourut, son corps fut enseveli sous la pierre où il avait passé sa vie, et, depuis lors, les pieux musulmans visitent son tombeau. Un vieillard aveugle en a maintenant la garde. Tout le jour, ce vieillard reste près du seuil, égrenant un long chapelet. Beaucoup d'Arabes prélèvent en sa faveur une dîme légère sur les denrées qu'ils portent à Tlemcen, et nul bûcheron n'oserait passer sans jeter à ses pieds une branche ou un fagot.

Entre le marabout de Sidi Bou-Djemâa et les remparts de la ville s'étend un immense bassin, depuis longtemps desséché. Des murs énormes l'entourent et une épaisse couche de béton en recouvre le sol. On prétend qu'il fut construit par un roi de Tlemcen, pour servir à des joutes nautiques. Lors de la conquête française, nous voulûmes en faire un réservoir d'irrigation, mais ses parois fissurées laissèrent fuir l'eau de toutes parts. Maintenant, il sert de champ de manœuvres; c'est là que se passe la revue du 14 juillet.

Certaine légende rapporte que Barberousse, maître de Tlemcen, noya lui-même dans le « grand bassin » plusieurs princes Beni-Zeiyan, et prit à les voir patauger et se débattre un divertissement parfait.

*
* *

Au dessous de Tlemcen, près du ravin encaissé où coule la Safsaf, s'élève le joli village d'Aïn-el-Hout, célèbre par les tombeaux de deux marabouts vénérés : Sidi Abdallah et Sidi Mohammed-ben-

Ali, son petit-fils. Chaque année, pendant l'automne, une grande fête réunit au village d'Aïn-el-Hout de très nombreux pèlerins. Comme jadis nos paysans pour les pardons de Bretagne, ils arrivent dès la veille, qui en charrette, qui à cheval ou à âne, qui à pied : tous en habits de fête. Les femmes accompagnent leurs époux, mais, s'il n'y a qu'une monture pour le ménage, c'est l'homme qui en profite le plus souvent. La pauvre « moukère » suit à pied, cahin-caha, clopin-clopant, empêtrée dans ses voiles épais qui laissent juste paraître un œil, meurtrie aux chevilles par ses lours bracelets.

Arrivé près d'Aïn-el-Hout, on dresse les tentes à l'ombre des oliviers. Le lendemain matin, tandis que les femmes préparent le kouskoussou, les hommes font leurs dévotions, puis quelques cavaliers donnent le spectacle d'une fantasia. Les chevaux, excités par les coups d'éperons et les saccades de mors, affolés par le bruit de la fusillade, halètent, ruent, se cabrent, bondissent. Les cavaliers, solidement encastrés dans leurs selles arabes, demeurent impassibles et obtiennent des pauvres bêtes une obéissance relative. Ces exercices si vantés sont plus singuliers qu'intéressants, et prouvent surtout le bon caractère des chevaux qui les supportent sans devenir rétifs. Vers midi, réunion des pèlerins par petits groupes sur une côte aride, au pied des saints tombeaux. Les marchands de fruits, de sucre filé, de nougat, installent leurs éventaires; puis, la longue théorie des porteurs de kouskoussou apparaît : chaque plat, recouvert d'une toile grossière, semble plein à déborder. Le kouskoussou est une sorte de semoule cuite avec du beurre rance; mais chacun, suivant ses préférences ou sa fortune, en relève le goût par des raisins secs, des olives, des œufs, de la viande. Parfois aussi le kouskoussou, passant au second plan, accompagne seulement la chair d'un mouton entier, rôti en plein air sur des charbons ardents. Ce mets est le triomphe de la cuisine arabe, et, je dois ajouter, le seul dont la saveur ne rebute pas les Européens. Quant à la façon de le manger, elle est des moins ragoûtantes. Chacun, avec son couteau et ses doigts, arrache quelques lambeaux de viande qu'il dévore ou — par grande politesse — qu'il offre à son voisin. Le repas termine le pèlerinage; aussitôt la dernière bouchée avalée, chacun ploie sa tente et s'en va.

Parfois les Aïssaoua tlemcéniens viennent prendre part à la fête, et se livrent à leurs ébats coutumiers pour la plus grande gloire de Sidi Mahmed-ben-Aïssa [1], fondateur de leur secte.

Les voici, prêts à commencer leurs exercices. D'abord, ils se placent sur deux rangs, assis par terre face à face ; quelques musiciens, formant leur orchestre habituel, chantent une invocation monotone et jouent une bizarre mélopée ; des femmes, montées sur les terrasses des maisons voisines et dissimulées derrière des toiles tendues, poussent en tremolo des « youyous » suraigus, cris de joie ou cris de détresse. Encore très calmes, presque

1. Sidi Mahmed-ben-Aïssa vécut à la fin du XVe et au commencement du XVIe siècle. Originaire du Maroc, il s'affilia, pendant un pèlerinage à la Mecque, aux derviches égyptiens qui l'initièrent à leurs pratiques, émanées peut-être de quelque culte mystérieux et très ancien. Plus tard, revenu dans son pays, il fit, lui-même, des prosélytes qui prirent le nom d'Aïssaoua. On trouve maintenant dans presque chaque ville d'Algérie une petite confrérie d'Aïssaoua, moitié fanatiques convaincus, moitié jongleurs.

placides, la plupart des Aïssaoua causent entre eux; d'autres accompagnent d'un murmure la musique, dont ils marquent le rythme par un léger balancement d'avant en arrière ou de droite à gauche. Peu à peu cependant, les musiciens jouent plus vite, et donnent à leur chant le ton d'un encouragement, presque d'un reproche; les femmes crient plus fort; les Aïssaoua se lèvent, accentuent le balancement de leur corps, qui ondule comme celui du cobra lorsque siffle la flûte du charmeur de serpents; bientôt, ils unissent leurs mains, avancent, reculent, saccadent leurs mouvements qui prennent l'apparence d'une étrange chorée. Enfin, l'un deux entre en frénésie, quitte son rang et commence, avec des bonds terribles, un « cavalier seul » orageux. Ses camarades le stimulent, l'excitent, le gourmandent s'il faiblit, jusqu'au moment où il s'abat épuisé. On l'emporte alors, et on le couche en attendant qu'il reprenne connaissance. C'est le début de la séance. Chaque Aïssaoui se livre ensuite, selon ses préférences, à quelque excentricité spéciale. Les uns sautent comme des carpes, et, pour reprendre des forces, aspirent à pleines narines la fumée âcre de réchauds poudrés d'encens; d'autres lèchent des braises ardentes, avalent du verre pilé, mangent des feuilles de cactus toutes hérissées d'épines; d'autres encore se percent les bras avec des alènes, offrent leurs poitrines aux crochets des vipères, frappent de leurs pieds nus un morceau de fer rougi. Du reste, tous persévèrent dans le balancement initial, qui semble former le thème sur lequel chacun brode des variations à son gré. Souvent des Arabes pieux, ou des Européens curieux de répugnants spectacles, donnent aux Aïssaoua un mouton vivant. Aussitôt ces énergumènes le saignent, le dépècent et le dévorent, avec des ardeurs d'animaux affamés.

Les Aïssaoua de Tlemcen obéissent à un chef exactement écouté. La plupart sont des ouvriers ou des cultivateurs, qui travaillent régulièrement. Chaque semaine, ils se réunissent dans la maison de leur chef pour se balancer et bondir en société. On peut assister à ces exercices, sous la seule réserve de ne pas photographier ceux qui s'y livrent. Les Aïssaoua observent à l'égard des étrangers une grande politesse, et conservent toujours, même dans les moments les plus vifs, une stricte décence. L'un d'eux fait la quête, mais sans insistance trop marquée. Si quelque dame se trouve parmi les spectateurs, il ne manque jamais de lui offrir des fleurs en échange de son aumône.

En outre de leurs exercices périodiques, les sectateurs de Sidi Mahmed-ben-Aïssa prononcent chaque jour de nombreuses invocations, dont l'une est répétée plusieurs milliers de fois, comme une interminable litanie. Chacun d'eux est placé — en religion — sous le vocable d'un animal. Quant à leurs croyances, elles paraissent bien difficiles à discerner pour les profanes, et restent aussi, je crois, très vagues pour les adeptes. Actuellement, les Aïssaoua sont des hystériques qui se donnent par le balancement une crise nerveuse, analogue à celle provoquée chez les derviches tourneurs par de rapides mouvements giratoires. Comme les tourneurs, les Aïssaoua commencent très jeunes leurs étranges errements. J'ai vu parmi eux des enfants, et je me souviens même d'avoir remarqué des hommes qui balançaient dans leurs bras de pauvres bébés. On prétend que le balancement est contagieux et procure à ceux qui le pratiquent les plus agréables sensations. Je ne puis me prononcer sur ces sensations, auxquelles on n'arrive qu'après un long entraînement; quant à la contagion, elle ne fait aucun doute. Après avoir suivi pendant quelque temps les exercices des Aïssaoua, on est pris d'une envie folle de se balancer à leur exemple, en récitant leur monotone chanson.

J'ajoutererai que le balancement produit chez certains Aïssaoua des états singuliers. L'un d'eux s'était engagé aux tirailleurs : on dut le réformer, car, malgré tous ses efforts, il commençait à se balancer puis perdait connaissance chaque fois qu'il entendait jouer les fifres de son bataillon.

SUD-ORANAIS

SUD-ORANAIS

En quittant Tlemcen, le voyageur qui marche vers le sud, franchit d'abord un pays montagneux. Malgré quelques plaines riches en céréales, quelques basses forêts aux lisières indéterminées parmi les broussailles, la contrée est triste, sèche, pierreuse, d'apparence ingrate, mais elle ne manque pas de grandeur avec ses immenses horizons, et ses déchirures profondes dont chaque pluie d'orage fait les parois plus ravinées. Au delà commence la région des Hauts-Plateaux. Cette région sépare les eaux qui coulent vers le nord de celles qne les pentes du sol entraîneraient à l'opposite, si elles n'étaient absorbées par les sables sahariens. Les Hauts-Plateaux sont des steppes venteuses, brûlantes en été, froides et parfois neigeuses en hiver. Quelques sources s'y rencontrent, mais pas une rivière. Le flot des averses rares et drues s'épanche vers de tristes mares, nommées *redir* quand elles sont petites, *chott* quand elles atteignent de grandes dimensions. Certains chott paraissent immenses, mais une évaporation prompte les laisse d'ordinaire complètementt à sec et .tout pailletés d'innombrables cristaux blancs : sédiment léger dont les eaux pluviales s'étaient alourdies en roulant sur la terre mélangée de sels magnésiens. Au soleil, les cristaux brillent et réverbèrent la lumière qui joue suivant les moindres reliefs du sol. On dirait un lac ridé par la brise. Les nuages, lointains et bas, prennent l'apparence de falaises, dessinent des caps et des baies; parfois aussi, le passant découvre les images de navires tout gréés de voiles, de maisons bizarres qui se mirent dans les eaux.

Les Hauts-Plateaux s'étendent de la Tunisie aux frontières du Maroc, et leur largeur, croissant de l'est à l'ouest, dépasse cent cinquante kilomètres dans l'Oranie. En les franchissant pour la première fois, on éprouve une prodigieuse tristesse. De solitudes en solitudes, la lande s'allonge indéfiniment avec des ondulations à peine sensibles. D'abord, on essaie de prendre patience. On espère que derrière le pli de terrain fermant l'horizon se montrera quelque aspect nouveau. Mais non, à ce pli en succède un autre, puis un autre encore. Tel un cauchemar où le dormeur croit descendre un escalier aux marches indéfinies. Il semble que la plaine immense forme la limite du monde et qu'il ne saurait y avoir un au-delà. Nul arbre n'apparaît, presque nulle broussaille, mais sur le sol sableux poussent, toujours un peu séparées les unes des autres, d'innombrables touffes d'alfa, sorte de graminée herbacée haute de cinquante à soixante centimètres. L'alfa, considéré seulement naguère comme un fourrage médiocre, sert maintenant à fabriquer du papier, des cordes, des nattes, des objets de vannerie. Les feuilles, arrachées à la main avec l'aide d'un bâtonnet, sont bottelées, puis mises en balles pour l'exportation. Chaque année, l'Algérie en vend pour six ou sept millions de francs. — Remarque singulière, si l'on jette une allumette sur une touffe d'alfa, les feuilles sèches, toujours nombreuses, s'enflamment et brûlent avec beaucoup de fumée : le feu gagne très vite les premières touffes voisines puis s'éteint de lui-même. Tous les Algériens savent cela, mais les voyageurs novices, dès qu'ils aperçoivent quelques touffes flambantes, s'effraient à l'idée que la plaine entière va s'embraser.

Entre les touffes d'alfa, à leur ombre, végètent des thyms, des armoises, d'autres plantes basses très recherchées des troupeaux.

Il y a quelque trente ans, les seuls habitants de la région étaient des nomades, paissant leurs bêtes sur d'immenses espaces, et quelques sédentaires, hantant de misérables demeures sises près des sources. Maintenant, les Hauts-Plateaux oranais sont occupés par plusieurs postes militaires, et traversés, du nord au sud, par une voie ferrée, qui se dirige de Saïda sur Djenien-bou-Rezg, en passant par le Kreider, Mecheria et Aïn-Sefra.

*
* *

Le Kreider, dont la tour couronnant une butte forme le centre d'un immense horizon, est la merveille du pays, non par lui-même, il faut le dire, mais par le prodigieux labeur que sa création a coûté.

Après la révolte de Bou-Amama, en 1882, lorsqu'on résolut d'occuper définitivement les Hauts-Plateaux pour garantir le Tell d'incursions nouvelles, le Kreider, situé près du Chott-el-Chergui, fut désigné comme emplacement d'un poste. C'était un point d'eau important, grâce à une source belle et abondante, perdue dans un petit marécage. La butte pouvait servir d'observatoire et faciliter de lointaines communications optiques.

On a capté la source et construit des casernements; puis, le premier bataillon d'Infanterie légère d'Afrique a transformé cette solitude par son travail et ses soins. Maintenant, la source jaillit au milieu d'une ravissante pièce d'eau, pure, profonde, poissonneuse, fréquentée par des oiseaux migrateurs au plumage brillant. Des joncs poussent sur les rives, à l'ombre légère des osiers. L'aspect charmant rappelle ce qu'était, avant 1870, la si poétique mare d'Auteuil. Plus bas se trouve un grand bassin maçonné servant de piscine, que borde un pavillon de repos, long, peu élevé, très blanc, surmonté de terrasses. L'architecture du pavillon, les eaux qui en reflètent l'image, les grands saules pleureurs qui s'abaissent autour de lui, les hauts peupliers droits qui le dominent, la fraîcheur de son site, l'aridité de ses abords font songer à quelques jolies demeures élevées aux entours mornes de Constantinople, dans certains lieux privilégiés formant de petites oasis. Plus bas encore, les arbres dissimulent un prosaïque lavoir.

De l'autre côté de la source est construite une ferme, qu'entourent de grands potagers et un beau parc. A force d'irrigations, on est parvenu à débarrasser le sol des sels magnésiens qui le rendaient impropre à la culture, puis des engrais l'ont fertilisé. Néanmoins, la plupart des arbres n'atteignent ni une grande hauteur, ni un âge avancé ; après une poussée rapide, leurs cimes s'étiolent, se dessèchent et meurent.

En fait de curiosités, on montre aux visiteurs deux charmantes gazelles, fort avides de cigarettes dont elles mangent le tabac ; et le singe Chadi, rusé, fourbe, méchant comme pas un de ses congénères.

Le cercle des officiers communique avec la gare par une sorte d'escalier volant, pouvant se remonter à la manière d'un pont-levis. Cet escalier fut établi au temps où l'on craignait des attaques. Je suppose que son mécanisme fonctionne encore; mais je l'ai toujours vu abaissé. En effet, à l'arrivée de chaque train, quelque officier du premier bataillon d'Afrique en descend hâtivement les marches pour venir faire bon accueil aux camarades qu'il aperçoit. L'hospitalité du Kreider est renommée. Elle calme l'appréhension de tristesse solitaire éprouvée par ceux qui vont tenir garnison dans le Sud, et laisse à ceux qui le quittent un dernier souvenir d'affectueuse camaraderie.

* * *

Mecheria, située au pied de Djebel-Antar, gros bloc montagneux qui émerge de la plaine d'alfa, est une vaste redoute, enclosant dans ses murs beaucoup de pavillons bas symétriquement disposés. Créée en 1882, comme le Kreider, Mecheria perd son importance à mesure de nos progrès dans le Sud-Oranais. L'unique curiosité du pays est le chef indigène El-Habib ou, pour parler plus exactement, sa fille qui, malgré les lois de Mahomet, s'habille en garçon et court partout à visage découvert. Mademoiselle El-Habid est-elle jolie? je ne saurais le dire. En vérité, je l'ai bien vue une fois aux environs de Bel-Abbès, qui descendait avec toute sa famille d'une diligence très embourbée, mais n'étant pas prévenu, je la pris pour un jeune homme et passai sans y faire attention.

Il y a quelques années, on organisa des courses de fond dans les environs de Mecheria. Les chevaux du pays firent preuve de qualités extraordinaires. Malheureusement, les résultats ne paraissent pas avoir été enregistrés avec une complète certitude, et ces épreuves très intéressantes ne furent plus renouvelées.

Naguère, on chassait dans la région de Mecheria la gazelle, le mouflon, la panthère, voire même l'autruche, dit-on. Aujourd'hui il faut se contenter, le plus souvent, des perdreaux et des lièvres, encore assez nombreux. Les gazelles et les mouflons sont devenus très rares. Les autruches ont fui vers le Sud, si loin, si loin, que nul ne saurait dire où elles se sont arrêtées. La dernière panthère fut tuée, ou plutôt achevée, il y a quelque dix ans. Elle avait mangé un peu vite un porc-épic et se traînait lamentablement, les entrailles déchirées par les piquants de sa victime, lorsqu'un chasseur l'aperçut et lui envoya un coup de fusil. Cette histoire est devenue une légende, et s'agrémente peu à peu d'une foule de détails bizarres dont je vous fais grâce. On la conte aux nouveaux venus d'apparence gobeuse pour les préparer progressivement à entendre parler du « lam », étrange et mythique struthionidé, auquel la nature prévoyante a donné des pattes inégales afin qu'il puisse courir plus facilement sur le flanc des coteaux. A l'époque de la conquête, alors que la moindre excursion en Algérie semblait un périlleux voyage, on prenait grand plaisir à mystifier les *Roumis*. La conception du « lam » date de ces temps lointains, comme celle des armures en fer-blanc pour la chasse au lion, et bien d'autres plaisanteries du même genre, qui firent naguère la joie des cercles d'officiers et des chambrées de soldats. Maintenant, c'est à peine si quelques « anciens », très loustics, réussissent encore à faire croire aux naïves recrues que le macaroni se fauche dans les champs algériens.

*
* *

Au delà de Mecheria, le pays change insensiblement d'aspect. Peu à peu, il se plisse, se boursoufle, s'accidente; l'alfa, devenu rare, fait place aux broussailles; quelques arbres rabougris apparaissent çà et là. Nous arrivons aux Montagnes des Ksour[1], situées entre les Hauts-Plateaux et la région saharienne. Ce sont des hauteurs escarpées et rocailleuses, dominant des vallées au sol finement sableux parsemé de cailloux. Sur certains points, les vents tourbillonnants ont accumulé les sables en dunes hautes et épaisses, perpétuellement muables. Ailleurs, les côtes apparaissent teintées de vert, de rouge ou de violet par des oxydes métalliques. Parfois, des efflorescences magnésiennes couvrant le sol, donnent l'illusion étrange d'une neige nouvelle et encore floconneuse, brillantée de réverbérations solaires. La

1. *Ksour* est le pluriel de *ksar* qui veut dire, en arabe : Village fortifié.

végétation misérable se compose de térébinthes chétifs, rabougris et vieillots; de maigres genêts à fleurs blanches; de jujubiers dont les ramilles épineuses, bizarrement soudées les unes aux autres, ont quelque apparence squelettique. Seule, une mousse bizarre croît à plaisir et pommelle le sol de grosses protubérances arrondies, nommées vulgairement choux-fleurs du Sud. Les rivières — les *oued*, selon l'expression arabe — sont des torrents aux larges lits, presque toujours desséchés à la surface, mais conservant d'ordinaire un cours souterrain, dont les forages retrouvent l'eau à une faible profondeur. Dans quelques creux jaillissent des sources, poussent des palmiers, s'élèvent des villages ou ksour qui ont donné leur nom aux montagnes du pays. Chaque ksar se compose d'une accumulation de petites maisons, serrées les unes contre les autres pour s'abriter mutuellement du soleil et du vent. Des ruelles tortueuses le traversent; des remparts l'enclosent, bordant d'ordinaire un étroit chemin de ronde. A l'entour, dans les parties irrigables, une série de murs séparent les jardins et les petits champs où poussent des figuiers, des grenadiers, des vignes, de l'orge, des oignons, des piments. Au saillant de ces clôtures, dont l'enchevêtrement forme une première enceinte défensive, s'élèvent de petites tours, où veillaient jadis les sentinelles, toujours vigilantes contre les attaques des nomades.

De ci, de là, poussent des palmiers, dont les dattes forment la principale ressource et la richesse du pays.

La seule matière employée pour toutes les constructions est une terre rouge ou grise fortement damée, qui durcit peu à peu. Aux heures diverses du jour, le soleil en fait varier les nuances, et les ksour, vus de loin, paraissent moins misérables qu'on ne pourrait le supposer. D'ailleurs, si leurs alentours immédiats, spécialement le long du chemin de ronde, sont d'une étonnante saleté, l'intérieur est plus propre que celui des villages arabes du Tell algérien. La plupart contiennent une mosquée assez grande, à peu près entretenue, ainsi que des bains.

Jadis la population du Sud-Oranais se divisait en nomades de race arabe et ksouriens de race berbère. Des alliances nombreuses avaient mélangé les deux sangs, cependant ceux-ci et ceux-là se distinguaient, sinon par tout leur langage, au moins par beaucoup de locutions, et par certaines apparences extérieures. Les ksouriens, vivant à l'étroit et sans hygiène dans des endroits fiévreux, étaient de constitution plus faible que les nomades. En règle générale, nomades et ksouriens avaient de mauvais rapports ; mais chaque tribu de nomades entretenait des relations étroites avec les habitants d'un ksar, où elle déposait ses récoltes et les choses diverses dont la bonne garde lui importait.

Depuis notre venue, la population indigène, qui augmente constamment pour l'ensemble de l'Algérie, a diminué dans le Sud-Oranais. Le fait est constant [1]. Quant aux causes de cette diminution, elles semblent complexes. Le principal, le seul attrait de ces tristes contrées était la vie sans contrôle, l'indépendance, la liberté. Voyant ces avantages perdus, certains nomades ont émigré vers le Midi, au delà de nos possessions effectivement occupées, ou vers l'Ouest, dans quelques districts

1. Général Niox, *Algérie et Tunisie*.

à peine soumis à l'autorité des sultans marocains; beaucoup de ksouriens ont profité de la sûreté du pays et de l'aisance des communications pour aller dans le Tell chercher une vie plus facile sous un meilleur climat. En effet, si les indigènes nés des races qui peuplent l'Algérie supportent beaucoup mieux que nous les étés brûlants du Sahara et des régions limitrophes, ils n'y sont néanmoins pas indifférents. Naguère d'ailleurs, presque tous les gros travaux étaient faits par des esclaves noirs du Soudan, qui pouvaient impunément tirer de l'eau et arroser, pendant des jours entiers, sous un soleil torride.

Pour donner au pays une vie réelle en dehors des militaires et des fonctionnaires, il faudrait qu'on pût y organiser quelque exploitation fructueuse, soit dans le règne minéral, soit dans le règne végétal. On a trouvé sur certains points des gisements métalliques, notamment près du lac d'Ouarka dont les eaux emplissent le cratère d'un volcan éteint, et à Djenien-bou-Rezg où des oxydes cuivreux verdissent tout le sol d'une colline. Ces gisements restent encore inexploités à cause de leur rendement minime et de la difficulté des communications; pourtant, ils sont un indice et permettent quelques espérances.

On escompte aussi un accroissement du nombre des palmiers; mais, en cela, on se fait, je crois, illusion. La culture du palmier est difficile dans les terrains qui ne sont pas irrigués naturellement, et elle ne devient fructueuse qu'après un laps de temps assez long. Naguère, les indigènes y mettaient tous leurs soins, parce qu'ils n'avaient rien de mieux à faire et que les dattes étaient presque leur unique aliment; maintenant, au contraire, ils préfèrent employer leurs peines à des travaux donnant une rémunération peut-être moindre mais immédiate. D'ailleurs, le grand commerce des dattes est limité à certaines régions et ne paraît guère susceptible de s'étendre indéfiniment, à moins que la datte, ou quelque produit de sa substance, ne finisse par entrer dans l'alimentation courante des Européens comme le fruit du caféier ou le chocolat.

Je ne parle pas de l'augmentation légère des autres produits du sol amenée par notre occupation. Il y a là une source de bénéfices pour les indigènes, mais ce n'est, au point de vue général, qu'un élément de prospérité apparent, factice; car tous ces produits, vendus sur place aux militaires, aux fonctionnaires civils et aux Européens qui se groupent autour d'eux, sont payés avec de l'argent sortant directement ou indirectement des caisses de l'État.

En résumé, le Sud-Oranais n'est pas dépourvu de *possibilités*, comme disent les Anglais, mais il n'offre aucune certitude.

*
* *

Quel que soit mon désir d'éviter toute question politique, il me faut cependant dire un mot des conditions très spéciales où se trouvent placées les frontières occidentales de l'Algérie, et pour cela, remonter fort en arrière dans l'histoire de notre conquête. Dès le début de l'occupation, les Marocains nous montrèrent un mauvais vouloir qui ne cessa d'augmenter. En 1844, les intrigues d'Abd-el-Kader, réfugié au Maroc, son influence religieuse amenèrent des hostilités ouvertes. Notre armée fut victorieuse sur les bords de l'Isly, notre flotte bombarda Mogador : le succès des armes françaises fut donc très brillant. Mais des complications européennes étaient à craindre ; nos victoires, loin d'amoindrir le prestige d'Abd-el-Kader l'avaient accru, en surexcitant le fanatisme des musulmans marocains. Beaucoup d'entre eux acclamaient l'émir, l'appelaient à leur tête pour la guerre sainte. Son autorité toujours grandissante et prête à entrer en balance avec la puissance de l'empereur du Maroc, nous faisait prévoir d'immenses embarras. En outre, l'armée française était très lasse, accablée de chaleur et de fatigue. Bref, nous avions tout intérêt à faire rapidement la paix avec le souverain du Maroc, pour en obtenir la mise hors la loi définitive, l'excommunication d'Abd-el-Kader, tandis que cette excommunication gardait encore sa valeur. L'empereur marocain, de son côté, ne désirait pas moins une entente, lui permettant de rétablir son pouvoir politique et religieux, fort ébranlé par l'influence d'Abd-el-Kader. Il fit quelques ouvertures et la paix fut conclue à Tanger, le 10 septembre 1844. L'article 5 du traité stipulait que la frontière entre l'Algérie et le Maroc resterait telle qu'elle existait au temps de la domination turque. Mais rien n'était moins précis que cette frontière : une commission fut chargée de la délimiter. Nos représentants connaissaient imparfaitement la topographie du Tell et ne possédaient sur les régions situées plus au sud que des renseignements très vagues ou inexacts à dessein, fournis par les Arabes; ils ignoraient les documents historiques susceptibles de les éclairer et de les prémunir; enfin, ils ne prévoyaient pas — ne pouvaient prévoir — l'avenir. En mars 1845, le Général de la Rue, pour la France, et Sidi Hamida, pour le Maroc, signèrent à Lalla-Maghnia un étrange instrument diplomatique : triomphe de l'adresse du plénipotentiaire marocain et témoignage de la foi douteuse des Arabes, nos conseillers.

Voici quelques extraits de la convention de Maghnia, nécessaires pour rendre intelligible la suite de mon récit.

Article 1. — Les deux plénipotentiaires sont convenus que les limites qui existaient autrefois entre le Maroc et la Turquie, resteront les mêmes entre l'Algérie et le Maroc.

Aucun des deux Empereurs ne dépassera la limite de l'autre; aucun d'eux n'élèvera à l'avenir de nouvelles constructions sur le tracé de la limite. Elle ne sera pas désignée par des pierres[1]; elle restera, en un mot, telle qu'elle existait entre les deux pays avant la conquête de l'empire d'Algérie par les Français.

Art. 2. — Les plénipotentiaires ont tracé la limite au moyen des lieux par lesquels elle passe et touchant lesquels ils sont tombés d'accord; en sorte que cette limite est devenue aussi claire et aussi évidente que le serait une ligne tracée.

. . . .

Art. 4. — Dans le Sahara (désert)[2] il n'y a pas de limite territoriale à établir entre les deux pays, puisque la terre ne se laboure pas et qu'elle sert seulement de pacage aux Arabes des deux empires. Les deux souverains exerceront de la ma-

1. Les autorités marocaines tinrent beaucoup à cette clause. Elle leur permit de soutenir, parmi les musulmans, que la délimitation adoptée entre l'Algérie et le Maroc n'avait qu'un caractère provisoire et qu'elle serait bientôt révisée à l'avantage du Maroc.

2. Il est évident qu'il s'agit de la région des Hauts-Plateaux, et non des grands espaces désertiques auxquels nous réservons maintenant le nom de Sahara.

nière qu'ils l'entendront, toute la plénitude de leurs droits sur leurs sujets respectifs dans le Sahara. Et toutefois, si l'un des deux souverains avait à procéder contre ses sujets, au moment où ces derniers seraient mêlés avec ceux de l'autre État, il procédera comme il l'entendra sur les siens, mais il s'abstiendra envers les sujets de l'autre gouvernement.

Art. 5. — Cet article est relatif à la désignation des ksour (villages du désert des deux empires). Les deux souverains suivront, à ce sujet, l'ancienne coutume établie par le temps et accorderont par considération l'un pour l'autre, égards et bienveillance aux habitants des ksour.

Les ksour qui appartiennent au Maroc sont ceux d'Iche et de Figuig.

Ceux qui appartiennent à l'Algérie sont Aïn-Sefra, Sfissifa, Asla, Tiout, Chellala, El-Abiod et Bou-Sem-Ghoune.

Art. 6. — Quant au pays qui est au sud des ksour, comme il n'y a pas d'eau, qu'il est inhabitable et que c'est le désert proprement dit, il serait superflu d'en faire la délimitation.

. . . .

En résumé cette convention malencontreuse nous donnait dans le Tell une frontière artificielle et compliquée.

Sur les Hauts-Plateaux, elle créait une situation singulièrement difficile et incertaine.

Dans la région des ksour, elle laissait au Maroc la seule oasis vraiment importante : Figuig.

Enfin, elle nous abusait complètement sur les régions situées plus au sud, et ne nous garantissait même pas la possession de l'hinterland algérien. A cette époque, il est vrai, le mot hinterland n'existait même pas, au moins dans le sens qu'on lui applique diplomatiquement aujourd'hui. Une immense partie de l'Afrique était *terra incognita*, et l'on ne songeait pas plus à la partager qu'on ne songe à partager maintenant les glaces du pôle. Puis, le gouvernement français restait flottant, indécis, sur tout ce qui touchait aux choses algériennes; il résolvait les difficultés au jour le jour, sans idées d'ensemble, sans claires visions de l'avenir.

Le traité de Tanger et la convention de Maghnia n'ont pas été révisés, mais nous avons tâché, par des arrangements et des interprétations diverses, d'en pallier les inconvénients. Néanmoins, plusieurs clauses demeurent fort incommodes. La France et le Maroc sont comme deux propriétaires fonciers liés par d'anciennes servitudes, également gênantes pour l'un et pour l'autre, mais dont chacun, pris de méfiance, hésite à demander la révision.

*
* *

La dernière « ville » de l'Oranie, Aïn-Sefra, est un bourg moderne d'aspect villageois, avec une assez belle place, sept ou huit rues courtes et droites, deux hôtels, quelques boutiques aux assortiments médiocres mais très variés. Un oued, généralement à sec ou réduit à une rigole servant d'égout, sépare le bourg de la redoute et du vieux ksar, bâtis près de sources abondantes, au pied d'un énorme bourrelet de sable fin, dominé lui-même, un peu en arrière, par des hauteurs escarpées. Au faîte de ce bourrelet, sur la crête d'une arête rocheuse qui en forme l'ossature, apparaît un petit blockhaus aujourd'hui abandonné.

Naguère, la dune d'Aïn-Sefra, accrue par chaque tempête de sirocco et glissant comme un tas de sable mal taluté, menaçait d'engloutir le ksar et la redoute. Maintenant, grâce à l'apport de nombreuses couches de fumier, on est parvenu à faire pousser des végétaux qui fixent les sables, puis à créer, entre la dune et le ksar, sur un point où l'affleurement des sources humecte le sous-sol, un véritable petit bois d'acacias, de lauriers-roses, de pins, de peupliers, d'oliviers de Bohême et de figuiers. Il est bien misérable, bien rachitique, ce boqueteau; néanmoins, c'est un immense plaisir de s'y promener, d'y trouver de l'eau, de l'ombre et même un minuscule fourré autour duquel, chaque soir, voltigent en tournoyant les geais bleus et les ramiers.

L'énorme masse jaune de la dune, haute d'une centaine de mètres, longue de douze ou quinze kilomètres, large de deux ou trois, produit la plus singulière impression. Est-ce joli, est-ce laid? Je ne saurais le dire, mais c'est original, et l'aspect devient tout à fait pittoresque le soir, quand les teintes safranées du sable se nuancent, au soleil couchant, de reflets rouges et violets.

Sur plusieurs points, la dune est franchissable, mais on n'y trouve qu'une seule profonde coupure, bien nommée par les Arabès : le Ravin de l'Angoisse — Châbet-el-Akhra —. Imaginez un tortueux passage, entre des parois raides, faites d'un sable impalpable que des rochers rougeâtres percent çà et là. En suivant le Châbet-el-Akhra, on ne voit en avant, en arrière, à droite, à gauche, que du sable et des pierres. Par un singulier effet d'optique, le ciel lointain semble abaissé. On dirait un velum de satin bleu attaché aux bords du ravin. Le bruit des pas s'amortit, le son de la voix s'étouffe comme dans une chambre épaissement tendue. C'est l'extrême solitude et pourtant ce n'est pas le désert, car, sur le sol, sur les pentes mêmes apparaissent, nombreux et profondément marqués, les pas d'hommes et d'animaux; mais ces traces semblent être les vestiges d'une vie disparue, comme certaines empreintes qui gardent la forme exacte de cadavres depuis longtemps désagrégés.

La légende prétend que l'étrange ravin fut jadis le théâtre d'assassinats nombreux, et c'est, à coup sûr, le vrai type du coupe-gorge. Il y a quelque dix ans, au cours d'un voyage en Bulgarie, mon guide ne manquait pas de me dire à chaque passage très solitaire et d'aspect angoissant : « C'est ici qu'on assassinait du temps des Turcs; mais vous n'avez rien à craindre : M. Stambouloff a fait pendre tous les brigands ». Avec des moyens beaucoup moins radicaux, l'excellent général de Saint-Germain, qui commande la subdivision d'Aïn-Sefra, est arrivé à un semblable résultat. Pendant des mois, le Châbet-el-Akhra, continuant un joli sentier au sol doux et léger comme une piste d'entraînement, fut le but de mes promenades journalières, et onc n'y fis-je la moindre mauvaise rencontre.

La redoute contient de très belles casernes, et un petit cercle militaire précédé d'un beau jardin.

Les casernes d'Aïn-Sefra, entourées de galeries à la mode orientale, décorées de faïences, surmontées d'attiques à denticules, sont une des rares adaptations heureuses du style arabe à des constructions modernes.

Le cercle, petit et médiocre, contient quelques peintures amusantes, faites par le commandant Pagano et le feu lieutenant de Gouy d'Arsy. Une série de fresques, souvent reproduites et célèbres dans tout le Sud-Oranais, représente un drame en divers tableaux.

— D'abord, voici un couple arabe. Le mari, très grand et très grave, chemine, monté sur un âne très petit. La femme suit à pied, humble mais coquette; elle entr'ouvre son voile pour lancer des regards de feu.

— Vient à passer, caracolant sur son cheval fougueux, un beau chasseur d'Afrique. Une œillade, rien qu'une, c'est le coup de foudre.

— Le militaire enlève la dame, la prend en croupe et s'enfuit, tandis que le mari se lamente sur son lent bourriquot.

— Le cheval, le chasseur d'Afrique, et la dame se sont arrêtés au pied d'un palmier. Le premier paît à l'aventure; les autres devisent sans souci.

— Cependant, le jaloux a suivi les traces des fugitifs ; subitement il apparaît.

— Le cheval s'est éloigné, cherchant des herbes tendres. Nulle fuite possible. Les amoureux, éperdus, grimpent sur le palmier.

— Lentement, très lentement, savourant sa vengeance, l'Arabe charge son fusil avec beaucoup de soin et de nombreux projectiles.

— Puis il ajuste et tire.

— Mais l'arme éclate si violemment que le corps même du tireur semble faire explosion.

— Alors, les deux amoureux s'en vont très doucement, montés sur l'âne confortable. Le cheval suit, portant comme seule charge, la tête coupée du mari, dont l'œil, grand ouvert, regarde son infortune.

*
* *

A dix-sept kilomètres d'Aïn-Sefra, dans une dépression de la vallée monotone, se trouve le ksar de Tiout, très séduisant d'aspect avec ses murs de terre rouge, tachés de blanc par le minaret de la mosquée. Des sources, situées à mille mètres en amont du village, remplissent d'abord un bief qui alimente plusieurs rigoles d'irrigation. Le surplus des eaux, franchissant le déversoir formé par une digue de rochers, coule en filets minces sur un lit très large, puis se perd dans les sables. Une jolie palmeraie entoure le bief et se prolonge vers le ksar. Des roseaux fleuris, de grosses touffes de jonc, des fers-de-lance, des arums encombrent le lit de la rivière et envahissent les bords jusqu'aux murs qui closent les jardins. Le rouge de la terre, le vert des palmes sont les deux couleurs fondamentales du tableau et toutes les autres nuances semblent en dériver. C'est le paysage oriental typique, classique, attendu. En l'apercevant, le nouveau venu, familier avec les souvenirs de l'antiquité, croit revoir des choses déjà vues; il cherche parmi les rides de l'onde le sillage de quelque barque égyptienne. Je ne connais pas les bords du Nil, et le graveur qui illustra la vieille bible de Royaumont chère à mon enfance, ne les connaissait probablement pas plus ; mais la rivière de Tiout m'a rappelé étonnamment la belle image qui représentait Moïse sauvé des eaux. Il ne manquait que la corbeille et, chose beaucoup plus difficile à remplacer, la fille de Pharaon.

Non loin du ksar se dressent les célèbres « pierres écrites ». Ce sont des rochers de grès rouge, couverts à la surface d'une patine noirâtre, résultat de quelque lente oxydation. Sur leurs parois, taillés verticalement par la nature, sont gravés une suite d'étranges dessins, parmi lesquels se distinguent des hommes, des femmes, des animaux de race bovine, des éléphants, des cerfs, des lions, des chiens, des rhinocéros, des autruches. On a beaucoup discuté sur l'origine de ces dessins qui, à première vue, ressemblent fort aux œuvres du « Petit Bob ». Ils ne datent assurément pas de la domination musulmane, puisqu'ils auraient été une violation des lois de Mahomet. Certains érudits prétendent qu'ils sont l'œuvre de peuplades préhistoriques[1] et notent, à l'appui de cette opinion, le sens symbolique de diverses attitudes. D'autres les font remonter à l'époque romaine. Enfin, quelques incrédules les attribuent tout simplement à des soldats français facétieux.

L'oxydation uniforme du grès sur les pleins et dans les creux, rend difficile d'attribuer à ces dessins une origine aussi récente ; puis les « pierres écrites » de Tiout sont loin d'être les seules du pays. Si nos soldats étaient devenus tout à coup les émules des mauvais plaisants qui, naguère, charbonnaient sur tous les murs de Paris : « Crédeville voleur »

1. G. B. M. Flamand, *Les pierres écrites*.

ou « Feu Duponchel », quelques vieux officiers en garderaient certainement le souvenir.

D'autre part, plusieurs dessins de Tiout semblent faits par des hommes étrangers à toute étude artistique, mais ayant pourtant vu des œuvres moins grossières, grecques ou romaines, qu'ils cherchaient à imiter. Je citerai notamment une femme levant les bras au ciel avec un geste singulier, et surtout un tireur d'arc. Ce dernier, intaillé, tandis que les autres sujets sont figurés au trait, rappelle franchement par sa pose et ses formes arrondies les travaux des graveurs latins[1].

Quant aux fameuses attitudes, elles ne semblent pas plus symboliques aux profanes que certaines représentations découvertes à Pompéï, et dissimulées à Naples dans le musée secret.

Il est fort possible, d'ailleurs, que les premiers dessins de Tiout remontent aux temps préhistoriques, mais que les Romains, puis nos soldats eux-mêmes, voyant d'étranges figures tracées sur les

1. On ne trouve aucun vestige de l'occupation romaine dans les environs mêmes d'Aïn-Sefra, mais il est hors de doute que les Romains ont atteint, et sur plusieurs points dépassé, les Hauts-Plateaux.

énormes pierres aient eu la fantaisie d'y laisser, à leur tour, quelque marque de leur passage.

Cette dernière hypothèse concilierait toutes les opinions.

*
* *

En 1900, l'animation fut grande dans le Sud-Oranais. D'abord, au mois de février, le gouverneur général, M. Laferrière, vint inaugurer la ligne d'Aïn-Sefra à Djenien-bou-Rezg, jalon modeste du futur transsaharien.

Ce furent de belles fêtes et tout marcha suivant un habile protocole. Seule, une locomotive aux lourds ébats, commit l'inconséquence de s'égarer sur les pentes d'un remblai, peu avant le passage du train gubernatorial. Le temps manquait pour la tirer de ce pas médiocre, mais on la couvrit de fleurs ou tout au moins de feuillages et, par ce subterfuge, l'incident resta ignoré.

En mars, l'occupation d'Igli et d'une série de postes intermédiaires fut décidée. Il s'agissait, pour le présent, de protéger nos colonnes du Touat et du Gourara, opérant au sud-est contre les entreprises possibles de tribus pillardes, coutumières d'exercer au loin leurs déprédations — pour l'avenir, de couper la route allant du Maroc aux grandes oasis sahariennes.

Le colonel Bertrand, chef de la colonne d'Igli, reçut l'ordre de quitter Aïn-Sefra le 18 mars, avec une partie des forces mises sous ses ordres. Le reste, porté déjà en avant, l'attendait à quelques étapes. Suivant l'usage, les troupes prêtes à partir allèrent, dès le 17 au soir, camper à la sortie du village. Le 18 au matin, voulant une dernière fois souhaiter bonne fortune aux amis heureux que je ne pouvais suivre, je gagnai, dans la nuit encore pleine, un tertre dominant le chemin du sud, et j'attendis.

Des nuages rapides, tantôt épais, tantôt légers, volaient devant la face claire de la lune dont les clartés douteuses semblaient vagabonder çà et là.

Près du bivouac, sombre et silencieux encore, des feux aux flammes basses jouant parmi les braises, marquaient le campement des chameliers.

Un à un, je vis les feux s'éteindre, tandis que

les chameaux, prêts à être chargés, poussaient, suivant leur coutume, de longs cris rauques, achevés par une plainte aiguë. Le lent convoi allait partir, prenant pour cette étape libre de toute inquiétude, une légère avance que les troupes devaient facilement rattraper.

Successivement, les chameaux passent devant moi par petits groupes; ils marchent sans bruit, et le sable ne crépite même pas sous leurs pieds larges qui se posent doucement. A la cadence du pas, leurs grands corps, portant de doubles sacs rebondis, se bercent de droite à gauche, leurs longs cous oscillants s'élèvent et s'abaissent par des mouvements réguliers. Un bachamar à cheval et des sokrars à pied, demi-nus sous leurs burnous blancs crasseux, conduisent chaque groupe et s'empressent à l'entour comme des chiens de berger. Par de légers sifflements, ils excitent à la marche leurs bêtes nonchalantes. Cependant, une lueur bleuissante annonce la première aube, puis l'orient jaunit, enfin le soleil paraît dans une aurore rose balayée de gris. A sa vue, les chameliers s'arrêtent et se prosternent la face tournée vers l'est, pour la prière du matin.

Déjà, les troupes commencent à défiler. Voici d'abord, bien campés sur leurs petits chevaux allègres, les chasseurs d'Afrique, du capitaine Picandet[1]. Tous sont joyeux. Tous pensent à leurs futurs succès, bâtissent des châteaux en Espagne, espèrent des galons, des croix et, pour le moins, la médaille coloniale. Faire quelque chose, marcher est si rare maintenant, qu'ils partent pour occuper quelques bourgades dans un ingrat pays, aussi joyeux, aussi fiers que les soldats du premier empire partaient pour conquérir l'Europe.

Le moindre cavalier, le moins déluré, celui qui regrettait le plus son pays, son champ, sa maison,

1. Le capitaine Picandet commandait le quatrième escadron du 2e Chasseurs d'Afrique. Les chefs de peloton de cet escadron étaient les lieutenants Caud, Mazeline, Gand et le maréchal-des-logis Le Maître. Outre ceux que je viens de citer, les officiers du 2e Chasseurs d'Afrique qui se trouvèrent avec moi en 1900, soit à Aïn-Sefra, soit dans les postes plus avancés, furent les capitaines Maurer, Risch et Courtois, les lieutenants de la Marronnière, de Laistre, Boucherie, de Forsanz, de la Bourdonnaye, les vétérinaires Pagnon et Monier. Je leur adresse, ici, l'assurance de mon souvenir affectueux. A ce même souvenir j'associe tous les sous-officiers, tous les soldats. Malheureusement, je ne puis tous les nommer ; qu'ils me le pardonnent et me permettent de rappeler seulement les noms de l'adjudant Cau, des maréchaux-des-logis chefs Guérin et Carroy.

se redresse d'un air guilleret. Il réfléchit à toutes les belles choses qu'il pourra conter à ses camarades moins heureux, restés en arrière, à l'air condescendant dont il les regardera, lui, le pauvre petit « bleu », naguère toujours effrayé. Il rêve qu'il monte la garde, bien astiqué, bien ficelé, reluisant, pimpant, avec la « Coloniale » sur la poitrine : les passants le regardent et — comme notre pauvre nature reste toujours un peu mauvaise — à son tour, il prend une voix très grosse, pour parler aux hommes de recrue. Puis, son rêve s'envole plus loin, il se voit rentrant chez lui. Il reconnaît chaque tas de pierres au bord du chemin, chaque buisson dans la campagne, chaque arbre sur l'orée du bois; à mesure qu'il approche, qu'il dépasse les tournants de la route, son cœur bat un peu plus fort. Content de retrouver toutes choses en leur même place, il s'étonne un peu cependant, surpris qu'elles n'aient point changé tandis que lui-même changeait tant. Enfin, il distingue son village, sa rue, son logis, ses parents qui marchent hâtivement à sa rencontre et, sur le pas des portes, les filles qui le regardent, curieuses, se promettant bien que, dimanche, elles danseront toutes avec lui : mais il se souvient que certaines le plaisantaient naguère, le trouvant trop timide, trop gamin ; il leur revaudra cela, et devant elles, maintenant, il passera dédaigneux. D'ailleurs, aura-t-il le temps de danser, car les hommes, les vieux surtout, ceux qui ont connu les grandes guerres, se presseront à son entour, lui offriront à boire pour le faire « causer ». A ceux qui raconteront leurs souffrances parmi les neiges de Sébastopol, il dira ses angoisses dans le brûlant Sahara, et il parlera, parlera, sans jamais se lasser, un verre plein devant lui, et les coudes sur la table. Sa mémoire ingénue donnera une importance aux moindres choses. Il répétera un mot bienveillant de son capitaine comme une phrase de Napoléon. Mais, dans son imagination, par un brusque retour, le tableau change encore une fois. Son cœur s'émeut, il se voit combattant les Arabes, son lieutenant est blessé, près d'être pris, il le sauve au péril de sa vie ; ailleurs, il aide et soigne ses camarades. Peu à peu, son âme s'élève, sa pensée plus sereine se complaît à des images plus vagues, il se rappelle mille curieuses histoires, mille légendes qu'il a lues, ou qui lui furent contées autrefois. De ces souvenirs imprécis tout à coup évoqués — comme d'un brasier demi éteint qu'un vent subit ranime — jaillit une pure flamme et, pendant une seconde, l'humble petit soldat se sent devenir un héros.

Moins naïvement peut-être, les officiers rêvent aussi, escomptent les récompenses immédiates ou futures. Le lieutenant ambitieux voit déjà sa manche qui s'étoile ; il pense que plus tard, quand il sera en passe d'être nommé général, on lui tiendra compte de la petite médaille coloniale qu'il a gagnée autrefois.

Après les chasseurs viennent les tirailleurs indigènes du commandant Exelmans. Leurs fifres nasillards jouent une phrase monotone, qui s'attarde et traîne sur l'accompagnement rythmé des tambours. Au centre de leurs petits guidons de compagnie éployés par la brise, apparaît une main largement ouverte, emblème favorable, signe de bonheur, talisman contre les influences néfastes. — Ce sont toujours ces beaux soldats algériens, lestes, bien découplés, si admirés, si populaires à Paris pendant l'empire sous le sobriquet de turcos. Parmi eux, on distingue tous les types divers de l'Afrique septentrionale : Arabes au front fuyant, aux yeux noirs, au nez busqué; Kabyles aux yeux bleus et aux cheveux roux; Maures des villes à la peau blanche; nègres et sang-mêlés, qui semblent des statues de bronze recouvertes d'une patine sombre et brillante. De même que les chasseurs, les tirailleurs sont joyeux, mais surtout d'aller en avant, de voir des pays nouveaux. Ils vivent au jour le jour comme de grands enfants ayant pris des corps et des passions d'hommes, tandis que leurs âmes restaient puériles.

En marchant, ils bavardent ou, malgré la défense, jouent à quelques jeux de hasard, dont leur mémoire fidèle enregistre les combinaisons.

*
* *

Igli fut occupé sans coup férir et ravitaillé par un premier convoi sans autre encombre que la mort de nombreux chameaux, dont les cadavres jonchaient et empuantissaient certains passages. Les hyènes et les vautours, repus et devenant difficiles, n'en mangeaient même plus que les fins morceaux laissant tout le reste aux mouches et aux vers.

Cependant, au milieu de mai, quelques bruits inquiétants commencèrent à circuler. On annonçait le rassemblement vers les frontières marocaines de bandes nombreuses et hostiles. Des mesures furent prises pour renforcer les garnisons des postes voisins de Figuig : Hadjerat-M'guil, Duveyrier, Djenan-ed-Dar. En outre, pour être prêt à toute éventualité, on réunit, à Duveyrier, une « colonne » comprenant deux bataillons d'infanterie, quatre pelotons de chasseurs d'Afrique, une section d'artillerie[1].

1. A la fin de mai, il se trouvait à Duveyrier : un bataillon de la Légion étrangère (commandant Rogerie), un bataillon du 2e Tirailleurs (commandant Bichemin), un demi-bataillon du 2e Zouaves (commandant Bulharowski), deux demi-escadrons du 2e Chasseurs d'Afrique (capitaine Picandet et capitaine Risch) ; un demi-escadron du 2e Spahis (capitaine de la Roberdière) ; une section d'artillerie de montagne (lieutenant Bourgerie).

Toutes ces troupes, composant la garnison propre du poste et les éléments disponibles, étaient placés sous les ordres du lieutenant-colonel Gibon, du 2e Tirailleurs, auquel était adjoint comme officier d'état-major le capitaine Devuns. Les services administratifs étaient dirigés par le sous-intendant Galley, les services médicaux, par le docteur Bassompierre.

Je fus moi-même envoyé d'Aïn-Sefra à Duveyrier, le 29 mai, pour prendre le commandement de la cavalerie.

Duveyrier, ainsi baptisé cette année par M. Laferrière, en souvenir du célèbre explorateur, se nommait jadis Zoubia : nom qui veut dire en arabe, fumier, ordure, ou plus exactement dépotoir. C'est un point d'eau dans une plaine pierreuse, entre des collines tourmentées et plus pierreuses encore; on dirait certaines vallées alpestres d'aspect désolé, confinant aux neiges éternelles.

Une grande redoute en terre, à peine achevée, couronne un tertre aplati, qui domine les sources et les puits voisins du lit desséché de la rivière. Elle est occupée par les troupes formant la garnison propre du poste; les troupes disponibles campent à l'entour, sur une sorte d'esplanade limitée par un mur de pierres sèches. Au nord, s'élève une haute colline, d'où l'on aperçoit Figuig : des sentinelles s'y tiennent tout le jour, observant l'horizon. Au sud s'ouvre un large couloir entre deux lignes de hauteur peu épaisses, mais très allongées. A l'ouest, la plaine s'étend jusqu'à sept ou huit kilomètres. A l'est, le terrain s'abaisse vers le lit de la rivière, large dépression ravinée qu'encombrent les tamaris, et les verveines sauvages panachées de fleurs violettes en gros épis. Çà et là, de petites daïa[1] écorchent le sol. Elles sont parsemées de broussailles au-dessus desquelles s'élèvent quelques térébinthes ; mais tous ces arbres, même les plus jeunes, semblent rachitiques, noués, séniles, sans vigueur, sans sève : tels certains enfants stigmatisés d'une vieillesse et d'une décrépitude héréditaires. Après chaque pluie, les daïa se tapissent d'un gazon très dru et très fin qui pousse en un jour puis se flétrit presque aussi rapidement. Alors également, une plante rampante, semblable au lierre, se couvre tout à coup de grandes fleurs blanches parfumées. Plusieurs fois, j'ai voulu faire sécher et garder comme souvenir ces fleurs du désert — sorte de passiflores à ce qu'il m'a semblé — mais leurs légers pétales se fanent et tombent dès qu'elles sont cueillies.

Quelques masures viennent d'être hâtivement construites entre la redoute et la rivière. Elles sont habitées par un boulanger espagnol, un

1. On appelle *daïa*, en arabe, certaines dépressions de terrain au fond desquelles les eaux pluviales affluent puis séjournent avant de s'évaporer ou d'être absorbées par le sol. On trouve toujours dans ces dépressions une végétation assez abondante qui reverdit après chaque orage. Les daïa du Sud-Oranais sont, en général, d'étroits et courts « ravineaux ».

cafetier arabe, un brodeur sur cuir figuiguien et plusieurs mercantis de nationalités diverses. Le notable du village naissant est Guillaume — Monsieur Guillaume — épicier, fruitier, marchand de vins, etc... Il est audacieux, intelligent, complaisant et même honnête. J'espère qu'il fera fortune.

Dans la redoute, au camp, chacun s'installe quelqu'abri pour la sieste car, sous les tentes, la chaleur devient intolérable pendant le jour malgré tous les essais d'aération. Les uns bâtissent des maisonnettes en terre; d'autres construisent des gourbis avec des branches de tamaris, autour desquelles sont entrelacées des ramilles de genêt; d'autres encore s'ingénient pour couvrir, avec leurs toiles de tentes, des châssis de bois, qui laissent circuler l'air librement. Les cabanes en branchages réunissent tous les suffrages. Elles abritent bien du soleil sans intercepter l'air, et les genêts nouvellement cueillis exhalent une vague fraîcheur. Malheureusement, les ramilles se resserrent en séchant; il faut chaque jour, boucher quelque trou subitement révélé par un rayon de soleil indiscret. Les chasseurs m'ont construit une jolie cabane qui me sert de « salon » ; j'ai une longue table avec un banc rustique rembourré d'alfa et recouvert de toile d'emballage ; puis, à l'extérieur, sur le seuil, un autre banc plus rustique encore. Le bon capitaine Risch[1] a été le directeur de ces modestes travaux.

Presque chaque nuit, on entend quelques coups de feu tirés par nos sentinelles contre des rôdeurs. D'ordinaire, ces malandrins n'opèrent pas isolément; ils se réunissent par petites bandes nommées « djich » qui sont la plaie du pays. Avec une patience incroyable, ils suivent les caravanes, attendent les voyageurs à l'affût, épient autour des camps la minute où une sentinelle fatiguée devient moins vigilante. Pour le moment, leur objectif est de prendre des animaux, et surtout des fusils qu'ils vendent à Figuig; mais tout leur est bon, même les moindres choses, celles qui par leur minime valeur semblent les moins volables : faute d'un meilleur butin, ils enlèvent une loque qui traîne, des ustensiles de ménage, un sac de toile, un

1. Le capitaine Risch, très anémié par le climat et les fatigues, tomba malade en août et mourut de consomption au bout de quelques mois.

vieux panier. D'ailleurs, ce sont de fort habiles gens, experts en mille stratagèmes. Parfois, ils rampent sur le sol, complètement nus, tenant au-dessus d'eux un bâton, surmonté d'un tampon entouré de toile d'où tombe un burnous. Viennent-ils à être aperçus? on tire sur le simulacre tandis qu'ils s'enfuient, presque invisibles grâce à la nudité de leurs corps bruns. On prétend aussi que cette nudité les aide à tromper la vigilance des chiens toujours nombreux autour des campements indigènes et, d'ordinaire, très agressifs. Rien n'explique une telle croyance, néanmoins, elle est si répandue qu'elle doit reposer sur un fonds de vérité. Les brigands arabes n'en sont pas à un meurtre près, mais l'assassinat est pour eux l'accessoire, le vol reste le principal. Lorsqu'ils sont pris, ils trouvent mille excuses et protestent de leur innocence avec une amusante audace. Un beau matin, dans un poste où j'étais commandant d'armes, les hommes du douar voisin m'amenèrent un grand nègre qu'ils avaient arrêté, la nuit précédente, rôdant près de leur campement. C'était une sorte de colosse superbe et luisant, sauvagement crépu, ayant le type classique des nègres, qu'aimèrent à peindre aux encorbellements des plafonds, Veronèse et Tiepolo. Il avait reçu des coups innombrables, et semblait en assez triste état. Comme je lui demandais ce qu'il venait faire dans le douar pendant la nuit, il répondit d'abord évasivement, puis me pria d'éloigner un peu les Arabes qui nous entouraient. J'y consentis. Alors, il me confia mystérieusement qu'il allait voir une femme, mais que l'honneur lui défendait de la nommer !

Sans cesse on nous annonce quelque attaque, pourtant, nous ne voyons rien venir et la vie s'écoule très monotone.

En cette saison, le soleil se lève vite, sans aube et sans aurore, vers cinq heures du matin. Dès la première lueur du jour, le camp s'éveille. L'air est presque frais. C'est le moment de vaquer aux diverses occupations militaires ou bien, pour ceux qu'aucun service n'engage, de monter à cheval tout simplement. Parfois, nous allons courre la gazelle avec le caïd Si Sliman, chef de nos goumiers[1]. Tandis que nous rabattons la bête dans sa direction, il s'élance vers elle au grand galop, puis, dès

1. Cavaliers arabes, servant à titre d'auxiliaires.

qu'il l'a jointe, lâche ses rênes et tire sans ralentir l'allure, debout sur ses étriers.

Vers huit ou neuf heures, la chaleur augmente pour atteindre son maximum entre midi et trois heures, pendant la sieste. Un peu de service, une lettre à écrire, la moindre chose occupe la fin de la journée.

La température accablante est rendue plus pénible encore par l'obsession des mouches. Inconnues dans le désert, elles apparaissent par milliers, puis se multiplient avec une rapidité prodigieuse sur tous les points où des hommes s'arrêtent. Leur invasion subite et comme spontanée, fait songer aux plaies dont Moïse frappa le peuple de Pharaon. Dans les camps, elles vous poursuivent, vous harcèlent, formant à votre entour un véritable essaim au vol bas, lourd et pénible. Si la chaleur favorise étonnament leur reproduction, la sécheresse les tue rapidement, et c'est épuisées, presque moribondes, qu'elles se précipitent sur vos yeux, sur vos lèvres, dans vos narines, espérant y découvrir un peu d'humidité.

Le sirocco souffle souvent. D'ordinaire, c'est une simple brise chaude, très sèche, très énervante, dont la continuité fait devenir âpres les peaux les plus souples, et aigres les caractères les plus doux. Parfois, le vent augmente, déferle, change de direction par des sautes brusques, forme de petits tourbillons qui balaient la terre et se déplacent très vite, animés d'un double mouvement de rotation sur eux-mêmes et de translation en zigzag. Bientôt l'ouragan commence, le sable brusquement soulevé obscurcit le ciel. Dans le camp, les petites tentes des soldats résistent, mais les grandes tentes oscillent comme si des vagues les frappaient; quelques-unes, plus exposées ou moins solidement arrimées, s'abattent au grand ennui de leurs propriétaires. Malheur au sous-officier comptable qui n'a pas enfermé ses archives avec soin, tous ses papiers s'envolent, s'élèvent, tourbillonnent comme les feuilles mortes légères emportées par la brise d'automne. Lorsque le calme renaît, il faut tout remettre en bon ordre, tout brosser, tout épousseter pour faire disparaître le sable, tout nettoyer minutieusement pour enlever certaines molécules poussiéreuses, si ténues qu'elles pénètrent dans les caisses les mieux fermées et jusque dans les boîtiers des montres. Encore doit-on se féliciter quand la tempête ne vient point, aux heures des repas, éteindre les feux des cuisines en plein air et ensabler la soupe ou le fricot.

Néanmoins, on prendrait les choses en patience si tout le monde se portait bien. Duveyrier ne semble pas malsain; dans une année peut-être, dans quelques années à coup sûr, les conditions d'existence y seront les mêmes que dans les autres postes moins avancés du Sud-Oranais; tandis que maintenant nous avons à souffrir non seulement de la chaleur, de l'insuffisance des installations, de la mauvaise qualité de l'eau, mais encore d'une influence pernicieuse commune à tous les lieux nouvellement habités, où l'on remue des terres vierges. Il semble que la nature se venge des hommes qui troublent son repos. Les tirailleurs indigènes, accoutumés au climat africain; les légionnaires, hommes faits pour la plupart et déjà aguerris, résistent encore; mais, chaque jour, le nombre des fiévreux augmente parmi les très jeunes gens, les petits soldats de France aux visages d'adolescents, et c'est une grande tristesse, pour ceux qui les commandent, de les voir ainsi : une tristesse qu'on ne peut dire si on ne l'a pas éprouvée. La vie commune aux cours des marches et dans les camps, le long partage des mêmes fatigues, des mêmes ennuis, parfois des mêmes souffrances, amènent entre nous tous, officiers et soldats, un très vif sentiment d'intérêt les uns pour les autres, de mutuelle confiance, d'affection. Loin de s'amoindrir parmi les plus humbles détails de la vie journalière, le prestige de l'officier grandit. Il ne paraît plus commander en vertu de ses galons, de son grade, des règlements militaires, mais par l'ascendant d'un droit supérieur émané de Dieu ou du libre suffrage de ses soldats. Le caractère de son autorité s'élève, s'élargit, se dégage de toutes considérations mesquines. Il est le vrai chef, le pasteur d'hommes, celui que tous regardent, vers lequel tous se rallient. D'ailleurs, les soldats que nous voyons ici diffèrent singulièrement de leurs camarades des régiments métropolitains. En France, avec le service court, les permissions fréquentes, les communications faciles, le soldat conserve toutes les idées de son enfance, tous ses sentiments familiaux. Il a vu ses parents à Noël, il compte les revoir à Pâques : un ami qui passait lui a donné de leurs nouvelles, lui a « causé » d'eux récemment. Les champs, les prés, les bois qu'il traverse près de sa garnison, lui rappellent son pays. Il se dit : « C'est comme chez nous », compte les jours et... prend patience. En Algérie, au contraire, l'entrée au service marque pour l'homme de recrue le début d'une vie toute nouvelle, une brisure; il semble un déraciné. Pendant trois ans, le régiment l'absorbe tout entier, limite son horizon, circonscrit son orbite, devient sa famille. Tout en maudissant parfois le métier, il s'y attache, il l'aime ; il est fier de son régiment comme jadis les soldats de Navarre, Flandre ou Bourgogne. Il n'oublie ni ses parents, ni son pays, mais il y pense au passé et au futur tandis que son camarade de France y pense au présent : il y rêve tandis que son camarade de France y réfléchit. En quelques mois, il s'accoutume à la vie dure et difficile, au « mal-être », si je puis m'exprimer ainsi. Une partie de nos chasseurs, arrivés à l'automne dernier, ont fait bien peu de « classes », et pourtant ils ne sont ni les moins ardents au travail, ni les moins dégourdis. Telles les héroïques recrues de 1813 et de 1814, qui s'instruisaient sur les routes, en allant rejoindre les armées. Ah ! petits soldats, vous êtes l'âme même de la France ; vous valez tous les engins de lutte ou de défense que les savants découvrent aujourd'hui. Petits soldats, restez dignes de vos aînés, gardez vos qualités, votre courage, votre cœur, car, aux temps venus, vous serez le plus cher espoir de la patrie.

*
* *

Deux postes moins importants se relient à Duveyrier, et concourent avec lui à la surveillance de Figuig. Ce sont : Hadjerat-M'guil au nord-est, Djenan-ed-Dar au sud-ouest.

Hadjerat est l'endroit le plus pittoresque de la contrée, à bien des lieues à la ronde. La toute petite redoute, nouvellement construite, s'élève sur un gros rocher, saillant à l'extrémité d'un plateau et dominant l'étroit sillon creusé par les eaux de l'Oued-Dermel. Vus d'un peu loin, les remparts de pierres sèches qui suivent les contours capricieux du roc, et dessinent en miniature des courtines et des bastions, le corps de garde haut perché près de la poterne, les guettes des sentinelles, les abris intérieurs, irrégulièrement disséminés sur d'étroites assises rocheuses, font songer aux fortifications bizarres que dessinait Gustave Doré. L'impression est particulièrement vive sous l'éblouissant soleil de midi, ou bien durant certaines nuits sans lune mais très claires par les étoiles, telles qu'on en voit dans les pays sahariens. Naguère, Hadjerat était la halte coutumière aux voyageurs faisant la longue étape, qui sépare Figuig de Djenien-. Ils trouvaient de l'eau à courte distance, et une pointe de rocher en surplomb protégeait leur sieste par son ombre [1].

Comme les autres rivières du pays, l'Oued-Dermel ne coule qu'en temps d'inondation, mais plusieurs sources abondantes maintiennent toujours à pleins bords une série de trous voisins d'Hadjerat. Grâce à la fraîcheur de l'eau, les tamaris, les jujubiers, les genêts, toutes sortes de roseaux ont envahi le fond de la vallée, formant une jungle haute, enchevêtrée comme une forêt vierge. Elle

1. Hadjerat-M'guil veut dire en arabe : *La Pierre de la sieste*.

s'étend en amont pendant trois ou quatre kilomètres et se termine au pied d'un chaos de rochers pleins d'anfractuosités, de trous, de fissures creusés par les eaux. Ce site étrange, où l'on risque à chaque pas de se rompre le cou, est appelé d'ordinaire « la Grotte des Pigeons », mais nul volatile ne paraît le fréquenter. Il y a quelques mois, avant l'occupation d'Hadjerat, d'étroits sentiers couverts, ménageant des passages, éclaircissaient seuls l'épaisseur des fourrés. Maintenant, presque toute la partie de la jungle avoisinant la redoute a été incendiée par crainte des surprises; en outre, on coupe chaque jour du bois pour alimenter les feux des cuisines, construire des clôtures, etc. Si l'on n'y prend garde, Hadjerat sera bientôt presque aussi dénudé que le reste du pays. Au pied de la redoute se trouve un petit jardin, dans lequel nos soldats cultivent de la salade et quelques radis. Une allée circulaire, trois marches de rochers, une pièce d'eau minuscule, un pont rustique, quelques touffes d'œillets d'Inde agrémentent ce jardinet qu'emportera la première crue de la rivière.

Un peu plus loin — dans un point où le sillon de l'Oued-Dermel s'élargit, dessinant un cirque entre des falaises ravinées — se trouve une véritable prairie. Elle est occupée par un grand douar qui, moyennant certaines exemptions d'impôts, met à notre disposition une douzaine de cavaliers et autant de fantassins, précieux auxiliaires grâce à leur connaissance du pays et à leur endurance du climat. Notre voisinage fait la richesse du douar, car nous y achetons des poulets, des œufs et surtout du lait de vache ou de chèvre, que le vieux berger Kaddour-ben-Kaddour apporte chaque matin. Chaque matin aussi, je reçois la visite d'un tout petit nègre qui vient me demander un morceau de sucre ou de chocolat. Dès qu'il l'a reçu, il s'assied gravement, et le grignote par infimes parcelles, afin de faire durer son plaisir très longtemps. Jamais il ne joue avec les autres enfants de son âge, mais il s'amuse seul, pendant des heures, en tournant dans ses doigts un brin d'herbe ou un caillou. Avec sa tête toute ronde, rasée sur les côtés mais surmontée au milieu d'une houppe de cheveux crépus, sa peau noire luisante, ses yeux malins, il me fait songer aux négrillons et aux négrillonnes que les navigateurs rapportaient aux beaux seigneurs ou aux belles dames d'autrefois.

Le pauvre petit est orphelin. Sa mère, esclave soudanaise amenée au douar par quelque caravane, s'est noyée dernièrement dans un trou d'eau, en lavant du linge. Il a été recueilli par Tahar-ben-Larbi et sa femme Zora, qui n'ont pas d'enfants. Un jour, comme je traversais le douar, j'enlevai le négrillon dans mes bras et dis, en plaisantant, que je voulais l'acheter et l'emmener en France avec moi. L'enfant souriait sans nulle crainte, et Tahar, prenant mes paroles au sérieux, escomptait déjà les avantages de l'affaire lorsque Zora sortit de sa tente, éplorée[1] : « Astier, Astier, s'écria-t-elle, en interpellant le chasseur qui me servait d'interprète, le petit n'est pas à vendre. Je l'aime comme un fils. Au nom de ses enfants, que le commandant ait pitié de moi. » Je m'empressai de calmer son trouble et je ne pensais plus à cette histoire quand j'appris deux mois après, que Tahar avait répudié Zora et que cette dernière était retournée à Mecheria, chez son père, avec le négrillon. A la fin de l'automne, comme

1. Les femmes des douars, surtout dans le sud, ont une liberté d'allures inconnue aux femmes des villes.

je passais par Mecheria en regagnant Tlemcen, je voulus voir mon petit ami d'Hadjerat, mais on me dit qu'il était mort, et que Zora était maintenant la femme d'un terrassier marocain employé sur la voie ferrée. Pauvre enfant! que serait-il devenu si je l'avais emmené en France avec moi? un modèle de tous les dévouements comme Zoé, la négresse de la vicomtesse de Laval; un personnage de roman comme Ourika, dont la duchesse de Duras écrivit la touchante histoire; un traître comme Zamore, le nègre de Madame du Barry[1]; ou, très prosaïquement, un simple mauvais sujet?

Malgré ses avantages, Hadjerat m'a laissé un

1. Zoé et Ourika, amenées en France, sous Louis XV, par M. de la Condamine et offertes à de belles dames de la cour, furent d'abord considérées par leur maîtresses comme de véritables jouets. Mais, au moment de la Terreur, Zoé suivit la vicomtesse de Laval en prison et lui donna toutes les preuves d'un admirable dévouement. L'histoire romanesque d'Ourika se trouve contée dans un livre fameux de la duchesse de Duras; livre qu'un mauvais plaisant résumait ainsi : « Ce sont les aventures d'une négresse qui, par désespoir de ne pouvoir être blanche, se fait sœur grise. » Quant à Zamore, il trahit la confiance de madame du Barry et joua le plus vilain rôle dans le procès qui conduisit la malheureuse femme à l'échafaud, en 1794.

pénible souvenir, car je m'y trouvais en juillet et en août, au moment le plus chaud de l'été. Non seulement, nous voyions de nombreux malades parmi nous, mais encore Hadjerat était le relai nécessaire des convois ramenant vers Djenien et Aïn-Sefra les malades évacués des postes plus méridionaux.

Cependant, nous organisâmes, le 6 juillet, une série de jeux divers pour l'anniversaire du combat de la Sikhak, fête régimentaire du 2e Chasseurs d'Afrique; et le 14 juillet, les zouaves du capitaine Rambaud nous donnèrent le spectacle sur un petit théâtre fort bien aménagé. Au programme figuraient des monologues, des chansonnettes, des duos, des trios, voire même une comédie de Labiche intitulée : *J'invite le Colonel.* Le matin, un malheureux soldat du Train qui revenait d'Igli en litière, épuisé par la fièvre et la dysenterie, était mort sur le chemin d'Hadjerat à Djenien, tandis que son camarade de litière, placé de l'autre côté du mulet de bât, s'évanouissait d'épouvante à la pensée de faire contrepoids à un cadavre. Pendant l'arrêt du convoi devant la redoute d'Hadjerat, le pauvre trainglot m'avait paru bien malade, avec des yeux déjà vitreux, des lèvres devenues très minces, des dents toutes sèches qu'un sillon semblait désunir. Il ne chassait même plus les mouches qui se posaient sur ses lèvres. Pris de pitié, j'avais demandé à l'un des officiers de chasseurs d'accompagner les malades jusqu'à la rencontre du médecin qui venait de Djenien au devant d'eux. Le lieutenant Boucherie voulut bien accomplir cette œuvre charitable : c'est lui qui, pendant une courte pause, reçut le dernier soupir du soldat.

La représentation de l'après-midi fut néanmoins très gaie, on rit beaucoup et une chanson macabre obtint tous les applaudissements. Ainsi va le monde !

* * *

Très différente de la jolie redoute d'Hadjerat, celle de Djenan-ed-Dar, située à quelques kilomètres seulement de Figuig, est bâtie dans une grande plaine aréneuse, caillouteuse, désertique, près d'un maigre bouquet de palmiers.

Lorsque nos troupes s'y établirent, Djenan était seulement un point d'eau, halte coutumière des caravanes bien que l'endroit fût réputé comme peu sûr à cause du voisinage de Figuig, et passât pour fiévreux.

De nombreux vestiges d'aqueducs souterrains, visibles encore çà et là, indiquent que Djenan fut le site d'un ksar, mais les sables ont obstrué les canaux et l'on ne saurait dire si cette obstruction fut la cause première ou seulement une conséquence de l'exode des habitants. Pendant les luttes incessantes entre les sédentaires et les nomades, ces derniers prenaient généralement pour objectifs les ksour alimentés par des sources situées hors des murailles, puis s'efforçaient d'ensabler les aqueducs et de détourner les rigoles. Ils amenaient de la sorte à composition leurs adversaires tout à fait privés d'eau ou réduits à la seule ressource de quelques puits, insuffisants pour l'arrosage des jardins. Souvent les ksouriens, après plusieurs mauvaises aventures de ce genre, délaissaient leurs demeures pour construire un nouveau village dans un lieu plus propice.

Quoiqu'il en soit, Djenan est maintenant un

séjour fort maussade et très éventé, autour duquel rôdent sans cesse des bandits figuiguiens, en quête de méchantes entreprises.

*
* *

Plusieurs oasis existent aux alentours de Djenan dans le rayon d'une journée de marche, mais toutes, sauf Figuig, sont fort petites : leurs dimensions excèdent à peine celles de grands jardins. Parmi les oasis considérées comme appartenant à la France, la plus pittoresque est Fendi, cachée dans une étroite gorge qu'enserrent deux collines rocheuses. Au dessus d'un taillis épais de lauriers-roses et de verveines, mille palmiers dardent l'élancement grêle de leurs fûts couverts de filaments et d'écailles. Des touffes de joncs et de roseaux bordent le lit de la rivière, stagnante le plus souvent mais toujours verte comme l'émeraude. Partout croissent de hautes herbes, de belles graminées ; partout des lianes et des chèvrefeuilles vagabonds chamarrent les bosquets.

Je visitai Fendi vers la fin de juin, au moment même où une colonne revenant d'Igli campait à l'entrée de l'oasis. L'air lourd et vaporeux était imprégné par une senteur de sève. La terre chaude exhalait un arôme de fleurs mortes et déjà prêtes à féconder par leur humus des floraisons nouvelles, comme dans les forêts humides, sous les cieux équatoriaux. Au bruit de mes pas, des lézards, dérangés, fuyaient en striant le sol de leurs miroitements bleus et verts; des salamandres se hâtaient pour regagner la rivière, et, trébuchant à chaque pas d'une marche sinueuse, montraient, sous leurs dos bruns, leurs ventres orangés; des insectes bourdonnants tourbillonnaient dans l'air, sans s'écarter de la fleur ou de l'immondice qu'ils convoitaient. Un courant intense de vie et de germination propageait ses ondes sur la nature entière. Jamais je n'aurais pu me croire dans l'infécond Sahara. Tout à coup, de gros nuages se formèrent, le temps se rafraîchit et la pluie commença de tomber. « La pluie, la pluie, » criions-nous tous, officiers et soldats. Loin de chercher un abri, chacun s'efforçait, au contraire, de ne pas perdre une goutte de la bienfaisante ondée.

L'oasis n'est pas habitée, mais on y trouve les reste d'un ksar, qui paraît avoir été abandonné depuis quelques années seulement. Les palmiers de Fendi appartiennent maintenant, d'une façon plus ou moins légitime, à des Figuiguiens qui viennent féconder les fleurs au printemps, puis cueillir les dattes à l'automne.

Incontestablement, Fendi est d'une extrême fertilité. On pourrait y entreprendre toutes les cultures des pays tropicaux, mais sa richesse même semble un leurre, car la petite oasis ne saurait devenir le centre d'une réelle exploitation. C'est un jardin et rien de plus. Or, que valent quelques jardins, même admirables, perdus dans une région immense, improductive et désolée ?

*

* *

Quand à la mystérieuse Figuig où, sauf le voyageur allemand Rohlfs et quelques déserteurs, nul Européen n'a jamais pénétré[1], c'est une très grande

1. Cela était vrai en 1900. Depuis lors Figuig est devenu un

oasis occupant, aux sources de l'Oued-Zousfana, une dépression de forme irrégulière entre des hauteurs tourmentées. Sa longueur est d'environ sept kilomètres et sa largeur moyenne de deux à trois ; mais, en aval de l'oasis proprement dite, des bouquets demi-ensablés de palmiers mal venus mouchettent, pendant plusieurs kilomètres encore, la vallée très élargie de la Zousfana. Telles de maigres broussailles aux lisières d'une belle forêt.

Vue de loin, par un beau jour, dans l'atmosphère du sud, si pure, si légère, si fluide que l'air de nos pays semble une vapeur auprès d'elle, Figuig produit le plus saisissant effet. C'est un rêve réalisé. Bien des fois, j'ai passé devant l'oasis, sans me lasser de l'admirer. Il faut contempler Figuig à la première lueur du jour, quand le disque solaire encore caché par les collines l'éclaire déjà d'une lueur douce uniformément épandue ; à midi, sous le rayonnement intense de l'astre à son zénith ; le soir, quand les ombres accentuées font ressortir

peu moins mystérieuse, mais son aspect n'a pas changé (octobre 1902).

les « lumières », puis que les hauteurs ambiantes se colorent aux dernières clartés diurnes de teintes roses et jaunes, bientôt éteintes sous un grand voile violet qui bleuit peu à peu et se crible d'étoiles.

On trouve à Figuig sept ou huit ksour dont la population totale ne dépasse probablement pas dix mille habitants. Chacun d'eux est entouré de murs en terre, et une enceinte continue les réunit tous. Le plus important se nomme Zenaga. Les ksour figuiguiens ressemblent à tous ceux de la région, mais sont, paraît-il, moins pauvres ; l'un d'eux renferme une assez grande mosquée qui s'aperçoit de très loin, toute blanche sur le fond vert des palmiers.

L'histoire de Figuig semble fort incertaine, mais quelques traditions assurent, non sans vraisemblance, qu'elle fût un centre de population considérable dès une époque très reculée.

« Au midi de Tlemcen, écrit Ibn-Khaldoun, se trouve Figuig, ville entourée de nombreuses bourgades et possédant beaucoup de dattiers et d'eaux courantes ». Plus loin, Ibn-Khaldoun ajoute : « Figuig, située à six journées de marche de Tlemcen, se compose de plusieurs bourgades rapprochées les unes des autres et formant une grande ville dans laquelle affluent tous les produits de la civilisation nomade. Elle est considérée comme une des principales villes du désert et, grâce à son éloignement du Tell, jouit d'une entière indépendance ».

Dans un passage très peu clair de son *Histoire de l'Afrique*, Léon l'Africain mentionne les vains efforts du roi de Tlemcen pour « réduire en bonne et sainte vie » les brigands qui infestent Figuig. Mais il semble que l'auteur veuille parler seulement des tribus nomades du pays figuiguien.

Plus tard, les Turcs, maîtres du Mag'reb central, ne cherchèrent pas à s'emparer de Figuig. En Afrique, comme ailleurs, leur but fut bien plus l'exploitation du pays que sa conquête et son occupation effective. Ils négligèrent totalement certains points qu'ils jugeaient trop pauvres ou trop distants, de même qu'un fermier, après avoir prévu ses frais et ses bénéfices, laisse en continuelle jachère des champs mauvais ou mal situés.

Les Marocains, au contraire, occupèrent Figuig à plusieurs reprises, avant la convention de Maghnia (1845) qui consacra leurs droits sur l'oasis. Mais l'autorité marocaine est toujours restée précaire et la plupart des Figuiguiens n'y voient qu'une sauvegarde leur assurant toutes les licences, sans leur imposer aucun devoir bien défini. En fait, l'état d'anarchie est très fréquent, sinon habituel à Figuig. Certains habitants, cultivateurs ou commerçants paisibles, désireraient vivre en bons termes avec les étrangers, tandis que nous trouvons au grand ksar de Zenaga, une hostilité agissante et irréductible. Querelleurs, batailleurs, voleurs, les gens de Zenaga entretiennent les discordes et suscitent les luttes armées dans l'oasis. D'ordinaire, les zizanies commencent à propos de la possession ou de l'usage des sources. L'eau, étant l'origine de toute richesse, devient la cause de toute discorde. Ce sont des guerres bizarres, pleines de ruses et d'expédients, comme les longs sièges d'autrefois. Chacun creuse des galeries, fore des puits, pratique des tranchées, fait jouer des mines pour amener chez lui, au grand détriment des voisins, le précieux et fugitif élément.

Comme je l'ai déjà dit, Figuig n'a probablement pas plus de dix mille habitants ; mais il ne faut pas mesurer son importance au seul chiffre de sa population. Elle est l'agglomération la plus considérable d'une grande région, le lieu vers lequel convergent toutes les routes du pays, le centre de ravitaillement et l'entrepôt habituel de tribus nombreuses. Ses écoles sont fréquentées. Son industrie, son commerce jouissent d'une relative importance. On y trouve des ouvriers habiles en des genres très divers : constructeurs, jardiniers, puisatiers, menuisiers, armuriers, brodeurs. Les femmes y tissent des burnous et des haïcks que les caravaniers exportent par ballots vers l'Extrême Sud, ou que les juifs figuiguiens vont vendre au Maroc et dans toute la région de Mecheria et d'Aïn Sefra. Je me souviens même d'avoir vu l'un de ces juifs louer une boutique d'Aïn Sefra, pour y installer un véritable « déballage ».

En outre, Figuig a une importance politique et militaire considérable, non seulement à cause de sa situation à très courte distance de la route d'Igli, presque sur le tracé de notre future voie ferrée, mais encore parce qu'elle est le foyer de mille intrigues dirigées contre nous, le refuge et l'asile inviolables de tous nos ennemis déclarés, et même de tous ceux qui pourraient avoir quelques mauvais comptes à régler avec notre justice.

En un mot, Figuig était, avant notre venue, la métropole du pays des ksour et elle reste encore maintenant, par sa population, son commerce, son influence politique, ses relations très étendues, le grand centre indigène des confins franco-marocains entre le Tell et le désert. Cette région est misérable à coup sûr, mais puisque nous y avons définitivement pris pied, il semble indispensable de faire prédominer notre influence sur le point principal du pays. Il faut amener les Figuiguiens à subir notre pouvoir, ou tout au moins à le craindre et à le respecter.

Pendant que j'étais à Duveyrier, plusieurs hommes de la Légion étrangère « tirèrent des bordées » du côté de Figuig. Mal leur en prit.

Un matin, comme je me promenais à cheval, entre Duveyrier et Djenan-ed-Dar, avec l'adjudant Cau, mon fidèle et cher compagnon, nous remarquâmes au loin une chose rose qui se mouvait et semblait venir vers nous. Très intrigués, nous prenons le galop et rejoignons bientôt un homme sans vêtements. Il se traîne péniblement, appuyé sur un bâton; la nudité de son corps s'empourpre au soleil brûlant; ses yeux sont hagards; son apparence est celle d'un fou. A peine peut-il répondre à mes premières questions et m'expliquer dans un baragouin bizarre, mélange d'allemand grossier et de français détestable, qu'il appartient à la Légion étrangère et revient de Figuig. Pourtant, il retrouve peu à peu ses esprits, boit des gorgées avides au bidon d'un cavalier qui nous accompagne, puis commence le récit de son aventure.

« Hier matin, j'avais été commandé pour la « corvée de pierres ». Mais les pierres sont trop lourdes, je m'esquivai et partis me coucher dans une grotte, de l'autre côté de la montagne. Je comptais seulement tirer une petite bordée et rentrer le soir avant l'appel. A peine étais-je couché, j'aperçus sept ou huit Arabes marchant vers la grotte. Je voulus fuir, mais les Arabes m'arrêtèrent et me forcèrent à les accompagner du côté de Figuig. Arrivés dans l'oasis, ils me prirent tous mes vêtements, sauf ma chemise et ma grande ceinture, puis m'abandonnèrent sur une place publique, devant une mosquée. D'autres Arabes vinrent alors, me firent des menaces et, après m'avoir promené de plusieurs côtés en me bafouant, finirent par m'enfermer dans une tour de l'enceinte. Ma prison était une pièce basse, éclairée par un petit soupirail. Sur le sol apparaissaient des taches sombres qui ressemblaient à des taches de sang. Je me crus perdu.

« Par bonheur, on m'avait laissé un gros bâton sur lequel je m'étais appuyé pendant la route. A nuit close, je m'en servis pour faire un trou dans le pisé du mur, puis je me glissai dehors et, blotti dans un buisson, j'attendis le lever de la lune. D'abord qu'elle parut, je m'orientai en regardant les montagnes, et je marchai vers le camp, après avoir déchiré ma ceinture pour envelopper mes pieds nus que meurtrissaient les cailloux. A l'aube, je rencontrai un Arabe; il me dépouilla de ma chemise mais ne chercha pas à m'arrêter. »

Tout à fait remis et devenu loquace, le légionnaire ajouta qu'il se nommait Johann, que sa mère tenait un petit café près de la gare de Coblentz, et qu'il avait déserté l'armée allemande à cause des brutalités d'un sergent. « D'ailleurs, je suis un brave garçon, conclut-il, tout le monde sait ça, et personne ne s'est jamais plaint de moi depuis que je sers à la Légion. »

Je lui dis de me suivre jusqu'à un poste optique voisin, où je pensais trouver quelques hommes de son bataillon. Entre temps, un spahi s'était joint à nous; il jeta sur les épaules de Johann son grand manteau rouge, et le pauvre garçon s'en vint, clopin-clopant, mais rassuré. De loin, en le voyant ainsi parmi les rochers, tout drapé de rouge, on aurait dit Virgile menant Dante aux enfers, tel que le peignit Delacroix.

Hélas, pauvre Virgile! Ses camarades du poste optique éclatèrent de rire en regardant son accoutrement bizarre et l'accueillirent par une série de quolibets et de questions .... étranges. Quant à lui, transfuge repentant et contrit, il pleurait de grosses larmes et répondait : « Non, non, non! » sur un ton très indigné.

L'exemple de Johann n'empêcha pas quelques autres légionnaires de tenter la même aventure, plus par bravade peut-être qu'avec l'intention ferme de déserter. Deux revinrent au camp non sans avoir subi des avanies nombreuses. Un ou deux furent massacrés, je ne sais trop comment. Un seul s'en tira sans encombres. C'était un israélite polonais. Il trouva bon accueil à Figuig chez un de ses coreligionnaires, qui avait des relations de commerce étendues dans tout le pays et fréquentait même régulièrement le marché d'Aïn-Sefra. Son hôte, après l'avoir gardé quelques temps pour le faire un peu oublier des autres Figuiguiens, lui fournit les moyens de gagner sûrement Mellila puis l'Europe.

*

* *

Tout près de Figuig, se trouvent les tentes du célèbre Bou-Amama, qui fut le chef de nos adversaires pendant la révolte de 1881.

On a tant parlé de Bou-Amama, les avis sur son compte semblent si partagés que je veux, à mon tour, en dire quelques mots.

Né en territoire marocain, probablement à Figuig, vers 1838, Bou-Amama se rattachait à la grande famille maraboutique des Oulad-Sidi-Cheikh, mais ses parents étaient des gens obscurs et nulle ascendance spéciale n'attirait sur lui l'attention. Son nom était Mohammed-ben-el-Arbi. Le surnom de Bou-Amama (le père au turban) lui fut donné plus tard à cause de son gros turban de marabout.

Durant sa jeunesse, Mohammed-ben-el-Arbi pratiqua un ascétisme rigoureux et mena l'existence d'un « saint extravagant ». Certains jours, en proie au délire, il dépouillait ses vêtements, puis courait nu par la campagne sans discontinuer de prier. Loin d'être scandalisés, ses coreligionnaires, déjà convaincus de sa prédestination, pensaient que Dieu lui infligeait des épreuves pour purifier son âme et le rendre digne du grand rôle qu'il lui destinait.

En 1875, Mohammed, déjà connu sous le nom de Bou-Amama, vient s'établir à Mograr-Tahtani[1]. Sa réputation de sainteté avait grandi et s'était propagée. On disait même que l'ange Gabriel[2] venait le visiter souvent et guidait sa conduite. De nombreux pèlerins affluaient vers sa demeure et lui apportaient des ziara[3] qu'il employait en

1. Les deux ksour voisins de Mograr-Tahtani et Mograr-Foukani ne sont pas mentionnés dans la convention de Maghnia. Suivant les circonstances, leurs habitants se réclamaient de la France ou du Maroc.

2. L'ange Gabriel est plusieurs fois nommé dans le Coran. Les musulmans le tiennent en grande vénération, et le regardent comme le messager habituel de Dieu.

3. Offrandes, dîmes volontaires remises par les musulmans à des marabouts dont l'intervention leur semble puissante auprès de Dieu. Le don de ziara paraît aux Arabes naïfs la meilleure des œuvres pies. On voit souvent de pauvres hères, loqueteux et misérables au dernier degré, s'approcher humblement de quelque riche descendant de famille maraboutique, baiser le pan de son burnous et lui glisser discrètement une pièce de monnaie.

largesses ou en aumônes; mais, suivant la légende, il donnait toujours plus qu'il n'avait reçu, car l'argent foisonnait entre ses mains. Il soulageait les malades par ses remèdes et Dieu les guérissait par l'intervention de ses prières.

Au point de vue politique, Bou-Amama ne jouait aucun rôle, mais, dans un pays où les influences politiques et les influences religieuses se confondent, sa sainteté, son renom de thaumaturge le désignait à tous comme le « maître de l'heure » futur, l'homme marqué pour accomplir les secrets desseins de Dieu.

Après la guerre turco-russe, lorsque le contrecoup des événements d'Europe et d'Asie occidentale fit un grand trouble dans le monde musulman, c'est vers Bou-Amama que tournèrent leurs regards les fanatiques du Sud-Oranais.

Sans qu'il l'ait cherché ouvertement, peut-être même sans qu'il l'ait désiré tout d'abord, d'innombrables intrigues se nouèrent peu à peu autour de lui, et aboutirent enfin à la révolte de 1881. Il lui fallait marcher ou perdre tout prestige, presque toute influence. Il marcha, mais réprouva les cruautés inutiles, les massacres commis par ses partisans. Deux fois même, dit-on, il menaça de les quitter. C'était un entraîneur d'hommes, un prophète, un saint plutôt qu'un guerrier.

Pourtant, lorsque, en avril 1882, repoussé de toutes parts avec ses derniers partisans, Bou-Amama fut surpris près de Fendi, il se battit avec un courage extraordinaire. Nos soldats le virent longtemps à l'extrême arrière-garde, luttant comme un héros de légende pour couvrir la fuite des femmes, des enfants et des troupeaux. Les balles pleuvaient autour de lui, mais nulle ne put l'atteindre. Ce fait d'armes est resté très célèbre, et, depuis lors, beaucoup d'Arabes prétendent que le marabout tient de Dieu le don d'invulnérabilité.

Bou-Amama se retira ensuite à Figuig, puis un peu plus tard, alla s'établir à Deldoul, au Gourara. Les circonstances le mirent alors en relation avec l'explorateur Palat, et certaines gens supposent que ses intrigues ne furent pas étrangères au meurtre de notre infortuné compatriote; d'autres, par contre, inclinent à croire que Palat ne reçut du marabout que de bons conseils et d'utiles renseignements. Quoi qu'il en soit, l'influence religieuse de Bou-Amama, restait intacte; maintenant encore, les naïfs Gourariens affirment qu'aux jours de disette, il changeait le sable en kouskoussou, pour nourrir les malheureux.

Plus tard, Bou-Amama revint dresser ses tentes près de Figuig et son entourage s'accrut d'une clientèle de malandrins et de dangereux vagabonds, pour lesquels sa protection est une puissante sauvegarde. Il ne se fait pas d'illusion sur leur compte et préférerait assurément des disciples plus honnêtes, mais, comme tous les chefs populaires désireux de conserver leur influence, il est forcé d'accueillir, sans y regarder de près, tous ceux qui viennent à lui.

Depuis son retour à Figuig, Bou-Amama entra peu à peu en relations suivies avec les autorités françaises du Sud-Oranais, leur rendit quelques bons offices et ne cessa de leur adresser des offres de service et d'innombrables assurances de dévouement. Beaucoup de ses commensaux habituels, et même ses parents les plus proches, ont fait acte de franche soumission; mais lui-même se dérobe toujours, par de polis subterfuges, aux efforts tentés pour l'amener à venir sur notre territoire rendre un hommage public à la France. Il dit, non sans raison, je dois l'avouer, que tous ses gestes sont épiés par des ennemis ou des envieux et qu'il serait « brûlé » parmi ses coreligionnaires, le jour qu'il viendrait franchement à nous. Il ajoute, par une sorte de retour, que s'il a fait la guerre, il ne l'a jamais aimée, qu'il est déjà sur l'âge, qu'il souhaite le repos et voudrait revenir sur notre territoire, à Mograr-Tahtani, au milieu des souvenirs de sa jeunesse, pour consacrer, dans une paix profonde, les dernières années de sa vie terrestre aux bonnes œuvres et aux prières. Enfin, il laisse entendre que son plus vif désir serait de voir sa situation à notre égard honorablement et définitivement « réglée ». En un mot, il s'offre mais ne s'offre pas au rabais et voudrait obtenir de la France, en échange de sa soumission, *otium cum dignitate et pecunia* [1].

D'après ceux qui connaissent Bou-Amama, toute

1. En 1901 ou 1902, Bou-Amama quitta les environs de Figuig et alla dresser ses tentes plus à l'ouest, en plein Maroc, du côté d'Aïn-Chaïr. Son exode fut une conséquence des négociations alors engagées entre la France et le Maroc pour mettre un peu d'ordre sur leurs confins méridionaux et améliorer l'état de choses si complexe créé par le traité de 1844 et la convention de Maghnia. Le marabout comprit que, s'il restait à Figuig, très près de nos postes, tout arrangement entre la République française et l'Empire chérifien, aurait comme premier résultat de rendre sa situation extrêmement difficile et de percer à jour son double jeu, même pour les moins clairvoyants (octobre 1902).

son apparence est celle d'un religieux ou d'un prophète de l'Ancien Testament. Ses traits font songer aux figures bibliques; sa barbe, longue et encore noire, tombe sur sa poitrine en boucles serrées, à la mode juive; ses yeux extatiques semblent voir très proche le paradis lointain.

Son accueil est affable pour tous, grands ou petits, riches ou pauvres. A tous il parle avec un semblable mélange de grandeur et d'humilité. Lorsqu'il écrit, même aux plus humbles, il place toujours son cachet au bas de ses lettres, ainsi qu'un inférieur a coutume de le faire dans sa correspondance avec un supérieur [1].

Il n'existe, à ma connaissance, aucun portrait authentique du marabout. Plusieurs fois, des Européens, reçus chez lui, ont voulu le photographier, mais il s'est toujours dérobé à leurs objectifs indiscrets.

1. « Le cachet pour les Arabes remplace la signature.

« De supérieur à inférieur, le cachet se place en tête de la lettre, après la formule religieuse qui la commence.

« D'inférieur à supérieur, le cachet doit, au contraire, être apposé immédiatement après le dernier mot. En agir autrement, ce serait plus qu'une impolitesse, ce serait presque une insolence. » (Général E. Daumas, *Mœurs et coutumes de l'Algérie*).

Bou-Amama est le fondateur et le chef d'une confrérie, mais, tandis que la plupart des autres ordres islamiques demandent à leurs adhérents une fidélité exclusive, celui de Bou-Amama est ouvert à tous les musulmans de bonne volonté, sans autre condition, pour le présent et pour l'avenir, que la récitation de quelques prières.

Au point de vue doctrinal, il prêche, comme les Senoussïa, le groupement et l'union de toutes les sectes musulmanes. Il enseigne aussi, dit-on — plaidant sa propre cause, — que le pouvoir maraboutique d'un saint personnage ne saurait survivre à sa mort et rester indéfiniment attaché à ses reliques, ni passer à ses descendants directs, suivant un ordre immuable. C'est aux plus dignes que Dieu le départit.

Quant à l'influence actuelle de Bou-Amama, il m'est difficile d'en parler sûrement. Beaucoup prétendent qu'elle est fort amoindrie; d'autres affirment, au contraire, qu'elle reste considérable dans tout le Sud-Oranais et une partie du Maroc. Je crois que ces derniers sont dans le vrai.

Les musulmans n'ignorent pas complètement les avances que nous fait Bou-Amama, mais les simples d'esprit pensent qu'en agissant ainsi, il exécute les secrets desseins de Dieu, et cette ferme croyance leur suffit. Les gens moins naïfs soupçonnent que le marabout obtient ou espère obtenir de nous quelques avantages précis. Mais les intrigues louches, les ventes d'influence, les vilains marchandages, toutes les manigances sont choses coutumières aux Arabes. Je ne sais s'ils les trouvent licites, mais ils les comprennent et les admettent tant qu'elles n'aboutissent pas à des actes patents.

En fait, beaucoup de musulmans révèrent toujours dans Bou-Amama, le dernier grand chef qui ait lutté contre les chrétiens en Algérie, qui ait combattu pour Dieu et pour Mahomet, le seul vivant qui n'ait pas fini par subir toutes nos lois, s'incliner solennellement devant nous, accepter ouvertement nos subsides, solliciter nos honneurs, mendier nos décorations. Il reste, à leurs yeux, le symbole de la résistance contre la conquête, contre les idées nouvelles, contre la croix. Ceux mêmes par mi ses coreligionnaires qui sont nos amis fidèles, ne peuvent se défendre d'avoir pour lui un certain respect. Veuillot raconte[1] que naguère des musul-

1. Louis Veuillot, *Les Français en Algérie. Souvenirs d'un voyage fait en* 1841.

mans algériens, devenus nos auxiliaires, enviaient le sort des braves morts en combattant contre nous. « Qu'ils sont heureux ! disaient-ils ; Dieu les a récompensés ». De même, bien des Arabes pensent peut-être, dans le secret de leur âme, que la meilleure part est celle de Bou-Amama. A certains jours, lorsqu'ils vieillissent ou qu'ils supposent leur mort prochaine, les musulmans — j'ai déjà eu l'occasion de le dire — retrouvent les idées qui, pendant des siècles, firent la grandeur de leur race. L'Islam les reprend tout entiers.

Enfin, tandis que d'autres marabouts, descendants vénérés de familles puissantes, boivent du vin, courent le guilledou et se galvaudent d'une abominable façon, Bou-Amama semble avoir toujours mené une vie régulière et sainte, suivant les lois de Mahomet. La plupart des musulmans croient encore fermement à la transmission héréditaire du pouvoir maraboutique, quelle que soit d'ailleurs la valeur morale de l'héritier, de même que les catholiques croient que le prêtre, même indigne, conserve le pouvoir d'absoudre et de consacrer ; néanmoins les « inconséquences » de certains grands marabouts diminuent singulièrement leur prestige. Entre eux et Bou-Amama, beaucoup de bons musulmans n'hésiteraient pas.

*
* *

. . . .

. . . .

Je terminerai ici ce modeste petit livre, glane de souvenirs et de lectures. Il n'entre dans mon plan ni de traiter la question marocaine, ni de faire la critique des opérations entreprises, en 1900, sur les confins franco-marocains, après la prise d'Igli. Quant au simple récit de ces opérations, il serait fastidieux. La première colonne de Duveyrier fut dissoute sans avoir rien fait, et la colonne volante qui lui succéda eut un rôle à peine plus brillant. Tout se réduisit à organiser des postes et à escorter des convois, dans des conditions rendues pénibles par l'inclémence du climat, la désolation et l'insécurité du pays. Chacun remplit son devoir, sans gloire mais non sans abnégation. Vers la fin de l'été, un décret du Président de la République accorda la médaille coloniale à tous ceux qui venaient de travailler pour faire plus grande l'Algérie. C'était la récompense impatiemment attendue : à son annonce, les mauvais jours furent oubliés. Bientôt après, lors de la relève, les deux escadrons de chasseurs d'Afrique que j'avais l'honneur de commander, reprirent le chemin de Tlemcen; et nous serions partis très joyeux, si le souvenir de quelques camarades — humbles soldats — manquant à l'appel pour toujours, n'était revenu plus vif à nos cœurs, alors que nous quittions la terre où ils reposaient.

FIN

TABLE DES MATIÈRES

Pages.

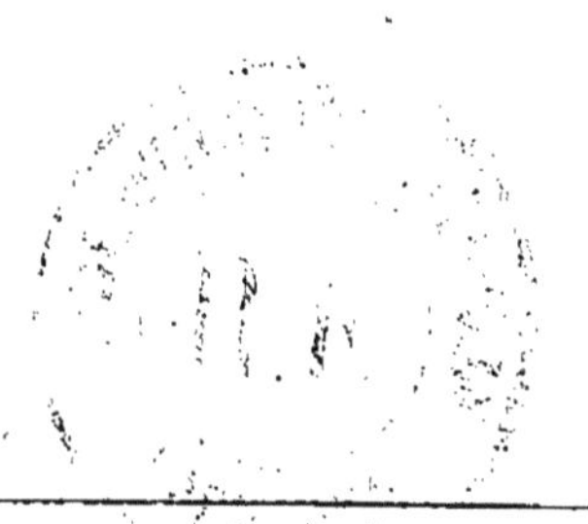

ANGERS. — IMPRIMERIE ORIENTALE A. BURDIN ET Cie, RUE GARNIER, 4.

A LA MÊME LIBRAIRIE :

Souvenirs de la Princesse de Tarente, publiés par M. le Duc de La Trémoille, membre de l'Institut. *Paris*, 1901, in-12 br. 5 fr.

Très intéressants souvenirs sur la Terreur à Paris et sur l'émigration. La princesse fut sauvée des massacres de septembre par un domestique reconnaissant de ses bienfaits.

Souvenirs du Général Marquis de Pimodan (1845-1849), avec une introduction et des notes par un ancien officier. *Paris*, 1891, in-12, portraits et cartes . . . . 10 fr.

FABRY. — Histoire de l'Armée d'Italie (1796-1797). De Loano à Février 1796. *Paris*, 1900, 2 vol. in-8. . . . . 15 fr.

Publication faite d'après les archives du Ministère de la Guerre et du Duc de Rivoli.

LACOUR-GAYET. — La marine militaire sous le règne de Louis XV. *Paris*, 1902, in-8. . . . . 12 fr.

Important travail sur la Marine Française depuis l'institution du Conseil de Marine (1715) et la politique extérieure de Fleury, Choiseul, Broglie. Récit des campagnes maritimes de 1723 à 1736, de la guerre entre la France et l'Angleterre (1744) sur la Méditerranée et sur la Manche; de la guerre de Sept ans sur l'Atlantique, au Canada et en Indoustan.

L'ouvrage est suivi d'une table des officiers de la Marine, des noms propres et des noms de bateaux. L'auteur a consulté avec une érudition patiente et sagace, les riches archives de la Marine qui viennent d'entrer aux Archives Nationales.

THOUMAS. — L'Agenda de Malus. Souvenirs de l'expédition d'Égypte (1798-1801), publié et annoté par le général Thoumas. *Paris*, 1892, in-8. . . . . 3 fr. 50

Annuaires militaires au XVIIIe siècle. Notes d'un soldat. *Paris*, 1901, in-8. 2 fr.

Bibliographie intéressante.

Vient de paraître :

La Bretagne et les pays celtiques : L'Ame Bretonne, par Charles le Goffic. Volume in-12 br. . . . . 3 fr. 50

L'Ame Bretonne, de Charles le Goffic, est le livre qu'on attendait sur la Bretagne. Mœurs, traditions, croyances, littérature, etc., y sont présentées dans une synthèse puissante. L'art breton, si original, y a sa place près de l'art dramatique, d'un archaïsme si savoureux. Le prêtre, le barde, le soldat sont étudiés dans des monographies spéciales. De fins et délicats portraits (Henriette Renan, Jules Simon, N. Quellien, Emile Souvestre, l'amiral Réveillère, Jean-Louis Hamon, etc.) achèvent de nous renseigner sur les caractères essentiels de *L'Ame Bretonne*. Le nouveau livre de Charles le Goffic ne fait pas seulement aimer la Bretagne : il l'explique.

ANATOLE LE BRAZ. — La légende de la mort chez les Bretons Armoricains. Nouvelle édition avec des notes sur les croyances analogues chez les autres peuples celtiques, par Georges Dottin, professeur-adjoint à l'Université de Rennes. 2 volumes in-12. Prix. . . . . 10 fr.

Angers. — Imp. A. BURDIN et Cie, 4, rue Garnier.

www.ingramcontent.com/pod-product-compliance
Ingram Content Group UK Ltd.
Pitfield, Milton Keynes, MK11 3LW, UK
UKHW020209250726
13967UKWH00003B/1368

9 782012 926677